Contribuições
especiais

volume 2

Central de Qualidade — FGV Management
ouvidoria@fgv.br

SÉRIE DIREITO TRIBUTÁRIO

Contribuições especiais

volume 2

Joaquim Falcão
Sérgio Guerra
Rafael Almeida

Organizadores

Copyright © 2016 Joaquim Falcão; Sérgio Guerra; Rafael Almeida

Direitos desta edição reservados à
EDITORA FGV
Rua Jornalista Orlando Dantas, 37
22231-010 | Rio de Janeiro, RJ | Brasil
Tels.: 0800-021-7777 | 21-3799-4427
Fax: 21-3799-4430
editora@fgv.br | pedidoseditora@fgv.br
www.fgv.br/editora

Impresso no Brasil / *Printed in Brazil*

Todos os direitos reservados. A reprodução não autorizada desta publicação, no todo ou em parte, constitui violação do copyright (Lei nº 9.610/98).

Os conceitos emitidos neste livro são de inteira responsabilidade dos autores.

1ª edição — 2016

Preparação de originais: Sandra Frank
Editoração eletrônica: FA Studio
Revisão: Aleidis de Beltran | Paulo Guilbaud
Capa: aspecto:design

Ficha catalográfica elaborada pela
Biblioteca Mario Henrique Simonsen/FGV

Contribuições especiais, v. 2 / Organizadores: Joaquim Falcão, Sérgio Guerra, Rafael Almeida. — Rio de Janeiro : FGV Editora, 2016.
224 p. — (Direito tributário (FGV Management))

Publicações FGV Management.
Inclui bibliografia.
ISBN: 978-85-225-1807-4

1. Direito tributário. 2. Contribuições (Direito tributário). 3. Contabilidade tributária. 4. Contribuição previdenciária. I. Falcão, Joaquim, 1943- . II. Guerra, Sérgio, 1964- . III. Almeida, Rafael. IV. Fundação Getulio Vargas. V. FGV Management. VI. Série.

CDD — 341.39

Nossa missão é construir uma Escola de Direito referência no Brasil em carreiras públicas e direito empresarial, formando lideranças para pensar o Brasil no longo prazo e ser referência no ensino e na pesquisa jurídica para auxiliar o desenvolvimento e o avanço do país.

FGV DIREITO RIO

Sumário

Apresentação 11

Introdução 13

1 | PIS/Cofins 15
    Roteiro de estudo 15
        Natureza jurídica 16
        Custeio e destinação do produto da arrecadação à seguridade social 20
        Competência 24
        Análise geral dos critérios da regra matriz de incidência tributária 37
        Regimes de incidência e suas especificidades 52
        Situações particulares 105
        Comparativo entre a Medida Provisória nº 627/2013 e a Lei nº 12.973/2014 121
    Questões de automonitoramento 132

2 | Contribuições de intervenção no domínio econômico 133

Roteiro de estudo 133

Considerações preliminares 133

Natureza jurídica e especificidades das contribuições de intervenção no domínio econômico 136

Algumas contribuições de intervenção no domínio econômico 139

Cide-patrocínio futebol brasileiro 165

Questões de automonitoramento 166

3 | Contabilidade tributária: PIS, Cofins e Cide 167

Roteiro de estudo 167

Aspectos constitucionais e legais 167

Aspectos conceituais e históricos 168

Fatos geradores e contribuintes 169

Regimes de incidência 174

Período de apuração e prazo para pagamento 195

PIS e Cofins-importação 196

Cide-combustíveis 199

Questões de automonitoramento 201

4 | Sugestões de casos geradores 203

PIS/Cofins (cap. 1) 203

Contribuições de intervenção no domínio econômico (cap. 2) 205

Contabilidade tributária: PIS, Cofins e Cide (cap. 3) 207

Conclusão 209

Referências 211

Organizadores 215

Colaboradores 217

Apresentação

Aliada à credibilidade de mais de meio século de excelência no ensino de economia, administração e de outras disciplinas ligadas à atuação pública e privada, a Escola de Direito do Rio de Janeiro da Fundação Getulio Vargas – FGV DIREITO RIO – iniciou suas atividades em julho de 2002. A criação dessa nova escola é uma estratégia da FGV para oferecer ao país um novo modelo de ensino jurídico capaz de formar lideranças de destaque na advocacia e nas carreiras públicas.

A FGV DIREITO RIO desenvolveu um cuidadoso plano pedagógico para seu Programa de Educação Continuada, contemplando cursos de pós-graduação e de extensão. O programa surge como valorosa resposta à crise do ensino jurídico observada no Brasil nas últimas décadas, que se expressa pela incompatibilidade entre as práticas tradicionais de ensino do direito e as demandas de uma sociedade desenvolvida.

Em seu plano, a FGV DIREITO RIO assume o papel de formar profissionais preparados para atender às reais necessidades e expectativas da sociedade brasileira em tempos de globalização. Seus cursos reforçam o comprometimento da escola em inserir no mercado profissionais de direito capazes de lidar com áreas interdisciplinares, dotados de uma visão ampla das questões jurídicas e com sólidas bases acadêmica e prática.

A Série Direito Tributário é um importante instrumento para difusão do pensamento e do tratamento dado às modernas teses e questões discutidas nas salas de aula dos cursos de MBA e de pós-graduação, focados no direito tributário, desenvolvidos pela FGV DIREITO RIO.

Dessa forma, esperamos oferecer a estudantes e advogados um material de estudo que possa efetivamente contribuir com seu cotidiano profissional.

Introdução

Este volume dedicado ao estudo de contribuições especiais tem origem em profunda pesquisa e sistemática consolidação dos materiais de aula acerca de temas que despertam crescente interesse no meio jurídico e reclamam mais atenção dos estudiosos do direito. A intenção da Escola de Direito do Rio de Janeiro da Fundação Getulio Vargas é tratar de questões atuais sobre o tema, aliando a dogmática e a pragmática jurídicas.

A obra trata, de forma didática e clara, dos conceitos e princípios de contribuições especiais, analisando as questões em face das condições econômicas do desenvolvimento do país e das discussões recentes sobre o processo de reforma do Estado.

O material aqui apresentado abrangerá assuntos relevantes, como:

❏ PIS/Cofins;
❏ contribuições de intervenção no domínio econômico; e
❏ contabilidade tributária: PIS, Cofins e Cide.

Em conformidade com a metodologia da FGV DIREITO RIO, cada capítulo conta com o estudo de *leading cases* para auxiliar na compreensão dos temas. Com ênfase em casos práticos, pretendemos oferecer uma análise dinâmica e crítica das normas vigentes e sua interpretação.

Esperamos, assim, fornecer o instrumental técnico-jurídico para os profissionais com atuação ou interesse na área, visando fomentar a proposição de soluções criativas para problemas normalmente enfrentados.

1

PIS/Cofins

Roteiro de estudo

As contribuições sociais para o Programa de Integração Social (PIS) e a Contribuição para o Financiamento da Seguridade Social (Cofins) passam, atualmente, por processo de amadurecimento doutrinário e jurisprudencial, especialmente na interpretação de suas normas e método de cálculo do regime não cumulativo. Por assim dizer, as contribuições sociais são uma das espécies tributárias que figuram dentre as maiores controvérsias no campo doutrinário e jurisprudencial nos últimos 15 anos.

Ao se tornarem tributos impactantes na economia, as referidas contribuições sociais também vêm sofrendo intervenções legislativas constantes no sentido de incentivar determinadas atividades e segmentos econômicos no Brasil, por exemplo, via redução de alíquotas (inclusive com a fixação de alíquota zero em diversos casos), suspensões tributárias e instituição de regimes especiais.

Nesse sentido, diversos são os programas governamentais que criam incentivos fiscais pautados na alteração da carga tributária do PIS e da Cofins, entre os quais se podem citar as medidas fiscais adotadas pelo plano "Brasil Maior". Um exemplo mais recente e bastante atual de desoneração da carga tributária foi a fixação de alíquota zero para PIS/Cofins incidentes sobre a receita decorrente da prestação de serviços regulares de transporte coletivo municipal rodoviário, metroviário, ferroviário e aquaviário de passageiros, nos termos do art. 1º da Lei nº 12.860, de 12 de setembro de 2013.[1]

Natureza jurídica

Em que pese a existência de controvérsia no âmbito doutrinário,[2] as contribuições especiais, entre as quais se inserem as contribuições sociais que serão analisadas neste estudo, são reconhecidas majoritariamente pela doutrina e de forma unânime pela jurisprudência como espécie tributária.

Por ocasião do julgamento da constitucionalidade da Lei nº 7.689, de 15 de dezembro de 1988, que instituiu a contribuição social sobre o lucro, o Supremo Tribunal Federal (STF) definiu alguns pontos cruciais à disciplina das contribuições em referência, entre os quais a natureza tributária da contribuição social.

---

[1] O parágrafo único do art. 1º dispõe que a alíquota zero será aplicável também em relação às receitas decorrentes da prestação dos serviços elencados no *caput* dentro do território da região metropolitana regularmente constituída.

[2] Marco Aurélio Greco é um dos doutrinadores que, de forma minoritária, dissentem da noção ora exposta, considerando que as contribuições possuem natureza jurídica não tributária: "De fato, se o art. 149 determina seja aplicada a disciplina típica do Direito Tributário, se manda aplicar as normas gerais de Direito Tributário, se impõe limitações da legalidade, anterioridade e irretroatividade para as contribuições, é porque elas não estão dentro do âmbito tributário. Não pertencem a este gênero. Se estivessem, não precisaria mandar observar tais ou quais regras e critérios; se a intenção fosse dar-lhes a natureza tributária, bastaria incluir um item IV ao art. 145 e toda a sistemática e regime tributário seriam automaticamente de observância obrigatória. Ou então, bastaria determinar a aplicação integral do regime tributário e prever as exceções que julgasse pertinentes, como faz com os impostos" (GRECO, Marco Aurélio. *Contribuições (uma figura "sui generis")*. São Paulo: Dialética, 2000. p. 80-81).

Destaca-se a seguinte classificação no voto do ministro Carlos Velloso no RE nº 138.284/CE:[3]

Os tributos, nas suas diversas espécies, compõem o Sistema Constitucional Tributário, que a Constituição inscreve nos seus artigos 145 a 162. Tributo, sabemos, encontra definição no art. 3º do CTN, definição que se resume, em termos jurídicos, no constituir ele uma obrigação, que a lei impõe às pessoas, de entregar uma certa importância em dinheiro ao Estado. As obrigações são voluntárias ou legais. As primeiras decorrem da vontade das partes, assim do contrato; as legais resultam da lei, por isso são denominadas obrigações *ex lege* e podem ser encontradas tanto no direito público como no direito privado. A obrigação tributária, obrigação *ex lege*, a mais importante do direito público, "nasce de um fato qualquer da vida concreta, que antes havia sido qualificado pela lei como apto a determinar seu nascimento" (Geraldo Ataliba, "Hermenêutica e Sistema Constitucional Tributário", in Diritto e Prática Tributária, volume L, Padova, Cedam, 1979). *As diversas espécies tributárias, determinadas pela hipótese de incidência ou pelo fato gerador da respectiva obrigação (CTN, art. 4º), são as seguintes: a) os impostos (CF, arts. 145, I, 153, 154, 155 e 156); b) as taxas (CF, art. 145, II); c) as contribuições, que podem ser assim classificadas: c.1) de melhoria (CF, art. 145, III); c.2) parafiscais (CF, art. 149), que são: c.2.1) sociais, c.2.1.1) da seguridade social (CF, art. 195, I, II e III), c.2.1.2) outras da seguridade social (CF, art. 194, § 4º), c.2.1.3) sociais gerais (o FGTS, o salário educação, CF, art. 212, § 5º, contribuições para o Sesi, Senai, Senac, CF, art. 240); c.3) especiais: c.3.1) de intervenção no domínio econômico (CF, art. 149) e c.3.2)*

---

[3] BRASIL. Supremo Tribunal Federal. Pleno. RE nº 138.284/CE. Relator: ministro Carlos Velloso. Julgamento em 1º de julho de 1992. *DJ*, 28 ago. 1992, grifos meus.

corporativas (CF, art. 149). Constituem, ainda, espécie tributária, d) os empréstimos compulsórios (CF, art. 148). [...] O citado art. 149 instituiu três tipos de contribuições: a) contribuições sociais; b) de intervenção; c) corporativas. As primeiras, as contribuições sociais, desdobram-se, por sua vez, em a.1) contribuições de seguridade social, a.2) outras de seguridade social e a.3) contribuições sociais gerais. Examinemos mais detidamente estas contribuições. As contribuições sociais, falamos, desdobram-se em a.1) contribuições da seguridade social: estão disciplinadas no art. 195, I, II e III, da Constituição. São as contribuições previdenciárias, as contribuições do Finsocial, as da Lei 7.689, o PIS e o Pasep (CF, art. 239). Não estão sujeitas à anterioridade (art. 149, art. 195, parág. 6º); a.2) outras da seguridade social (art. 195, § 4º): não estão sujeitas à anterioridade (art. 149, art. 195, § 6º). A sua instituição, todavia, está condicionada à observância da técnica da competência residual da União, a começar, para sua instituição, pela exigência de lei complementar (art. 195, § 4º, art. 154, I); a.3) contribuições sociais gerais (art. 149): o FGTS, o salário educação (art. 212, § 5º), as contribuições do Senai, Sesi, do Senac (art. 240). Sujeitam-se ao princípio da anterioridade. As contribuições de intervenção no domínio econômico (art. 149), como as contribuições da IAA, do IBC estão sujeitas ao princípio da anterioridade. As corporativas (art. 149), cobradas, por exemplo, pela OAB, pelos Conselhos de Fiscalização de profissões liberais e pelos sindicatos (contribuição sindical) estão sujeitas, também, ao princípio da anterioridade.

Reconhecida a natureza tributária das contribuições especiais, a doutrina segue o debate divergindo quanto à autonomia ou não dessa espécie tributária. O professor Sacha Calmon considera que as contribuições são essencialmente impostos, que deles diferem apenas pela existência de afetação obrigatória do produto de sua arrecadação a uma finalidade específica, razão pela qual a Carta Magna de 1988 valeu-se da nomenclatura "contribuições".[4]

No entanto, a doutrina de forma majoritária[5] e a jurisprudência de modo uníssono têm entendido as contribuições especiais como espécie tributária autônoma, caracterizadas primordialmente pela previsão de destinação específica para o produto de sua arrecadação.

Mizabel Abreu Machado Derzi,[6] em nota de atualização da obra de Aliomar Baleeiro, comenta o teor do art. 149 da CRFB/1988:

> A Constituição de 1988, pela primeira vez, cria tributo finalisticamente afetado, que são as contribuições e os empréstimos compulsórios, dando à destinação que lhes é própria relevância não apenas do ponto de vista do Direito Financeiro ou Administrativo, mas igualmente do Direito Tributário. [...]
>
> Tais despesas estão predefinidas na Constituição Federal e são para as contribuições:
>
> ❑ o custeio da Seguridade Social, habitação, educação ou outra meta, prevista na Ordem Social ou nos direitos sociais, a serem atingidos pelo Estado Democrático de Direito;
>
> ❑ o financiamento dos gastos de intervenção do Estado no domínio econômico, conforme as ações definidas no Capítulo da Ordem Econômica; e
>
> ❑ a manutenção de entidades, instituídas no interesse de categorias profissionais ou econômicas.

---

[4] COÊLHO, Sacha Calmon Navarro. *Curso de direito tributário brasileiro.* 5. ed. Rio de Janeiro: Forense, 2000. p. 402.
[5] Por todos: AMARO, Luciano. *Direito tributário brasileiro.* 12. ed. São Paulo: Saraiva, 2006. p. 52.
[6] DERZI, Misabel Abreu Machado apud BALEEIRO, Aliomar. *Limitações constitucionais ao poder de tributar.* 7. ed. Rio de Janeiro: Forense, 2001. p. 598.

A destinação passou a fundar o exercício da competência da União. Sem afetar o tributo às despesas expressamente previstas na Constituição, falece competência à União para criar contribuições.

As contribuições especiais possuem sua regra-matriz nos arts. 149 e 149-A da Constituição de 1988,[7] e podem ser divididas em cinco subespécies: (1) contribuições sociais destinadas ao financiamento da seguridade social (contexto no qual se inserem o PIS e a Cofins); (2) as contribuições sociais gerais (ex.: salário-educação); (3) as contribuições de intervenção no domínio econômico ou interventivas (ex.: Cide); (4) as corporativas ou de interesse de categorias profissionais ou econômicas (ex.: contribuições aos conselhos, tais como, Crea e Cremerj); (5) as destinadas ao custeio do serviço de iluminação pública.

Custeio e destinação do produto da arrecadação à seguridade social

O PIS e a Cofins são espécies de contribuições sociais, isto é, aquelas contribuições cujo *produto da arrecadação será destinado ao custeio da seguridade social*, na forma do art. 149, *caput*, combinado com o art. 195 da CRFB/1988.

A Cofins foi instituída pela Lei Complementar nº 70, de 30 de dezembro de 1991, que tem seu fundamento constitucional na previsão do art. 195, I, "b", da CRFB/1988. O art. 1º da Lei Complementar nº 70/1991, ao instituir a Cofins, mesmo antes das alterações introduzidas pela Emenda Constitucional nº 20,

---

[7] CRFB/1988: "Art. 149. Compete exclusivamente à União instituir contribuições sociais, de intervenção no domínio econômico e de interesse das categorias profissionais ou econômicas, como instrumento de sua atuação nas respectivas áreas, observado o disposto nos arts. 146, III, e 150, I e III, e sem prejuízo do previsto no art. 195, § 6º, relativamente às contribuições a que alude o dispositivo".

de 15 de dezembro de 1998, já determinava que o produto de sua arrecadação fosse destinado exclusivamente às despesas com atividades-fim das áreas de saúde, previdência e assistência social.

O PIS, por seu turno, foi instituído pela Lei Complementar nº 7, de 7 de setembro de 1970, razão pela qual a Constituição de 1988, para evitar dúvidas quanto à sua recepção e ajustar o destino do produto de sua arrecadação, inseriu no art. 239[8] a previsão de que será da seguinte forma: (1) ao menos 40% serão revertidos ao BNDES para financiamento dos programas de desenvolvimento econômico; (2) pagamento de abono anual; (3) pagamento do seguro-desemprego.

Diante disso, é importantíssimo, pois, analisar o conceito constitucional de seguridade social. A Constituição de 1988 conceitua seguridade social como "um conjunto integrado de ações de iniciativa dos Poderes Públicos e da sociedade, destinadas a assegurar os direitos relativos à saúde, à previdência e à

---

[8] CRFB/1988: "Art. 239. A arrecadação decorrente das contribuições para o Programa de Integração Social, criado pela Lei Complementar nº 7, de 7 de setembro de 1970, e para o Programa de Formação do Patrimônio do Servidor Público, criado pela Lei Complementar nº 8, de 3 de dezembro de 1970, passa, a partir da promulgação desta Constituição, a financiar, nos termos que a lei dispuser, o programa do seguro-desemprego e o abono de que trata o § 3º deste artigo. § 1º. Dos recursos mencionados no *caput* deste artigo, pelo menos quarenta por cento serão destinados a financiar programas de desenvolvimento econômico, através do Banco Nacional de Desenvolvimento Econômico e Social, com critérios de remuneração que lhes preservem o valor. § 2º. Os patrimônios acumulados do Programa de Integração Social e do Programa de Formação do Patrimônio do Servidor Público são preservados, mantendo-se os critérios de saque nas situações previstas nas leis específicas, com exceção da retirada por motivo de casamento, ficando vedada a distribuição da arrecadação de que trata o *caput* deste artigo, para depósito nas contas individuais dos participantes. § 3º. Aos empregados que percebam de empregadores que contribuem para o Programa de Integração Social ou para o Programa de Formação do Patrimônio do Servidor Público, até dois salários mínimos de remuneração mensal, é assegurado o pagamento de um salário mínimo anual, computado neste valor o rendimento das contas individuais, no caso daqueles que já participavam dos referidos programas, até a data da promulgação desta Constituição. § 4º. O financiamento do seguro-desemprego receberá uma contribuição adicional da empresa cujo índice de rotatividade da força de trabalho superar o índice médio da rotatividade do setor, na forma estabelecida por lei".

assistência social" (vide *caput* do art. 194 da CRFB/1988). Dito isso, incumbe ao poder público o dever de organizar tais ações com base nos seguintes objetivos:

> Art. 194. A seguridade social compreende um conjunto integrado de ações de iniciativa dos Poderes Públicos e da sociedade, destinadas a assegurar os direitos relativos à saúde, à previdência e à assistência social.
> Parágrafo único. Compete ao Poder Público, nos termos da lei, organizar a seguridade social, com base nos seguintes objetivos:
> I - universalidade da cobertura e do atendimento;
> II - uniformidade e equivalência dos benefícios e serviços às populações urbanas e rurais;
> III - seletividade e distributividade na prestação dos benefícios e serviços;
> IV - irredutibilidade do valor dos benefícios;
> V - equidade na forma de participação no custeio;
> VI - diversidade da base de financiamento;
> VII - caráter democrático e descentralizado da administração, mediante gestão quadripartite, com participação dos trabalhadores, dos empregadores, dos aposentados e do Governo nos órgãos colegiados.

Portanto, a "seguridade social será financiada por toda a sociedade, de forma direta e indireta, nos termos da lei, mediante recursos provenientes dos orçamentos da União, dos Estados, do Distrito Federal e dos Municípios, e das seguintes contribuições sociais" (conforme previsão do art. 195 da CRFB/1988):

> Art. 195. A seguridade social será financiada por toda a sociedade, de forma direta e indireta, nos termos da lei, mediante recursos provenientes dos orçamentos da União, dos Estados, do Distrito Federal e dos Municípios, e das seguintes contribuições sociais: (Vide Emenda Constitucional nº 20, de 1998)

I - do empregador, da empresa e da entidade a ela equiparada na forma da lei, incidentes sobre: (Redação dada pela Emenda Constitucional nº 20, de 1998)

a) a folha de salários e demais rendimentos do trabalho pagos ou creditados, a qualquer título, à pessoa física que lhe preste serviço, mesmo sem vínculo empregatício; (Incluído pela Emenda Constitucional nº 20, de 1998)

b) a receita ou o faturamento; (Incluído pela Emenda Constitucional nº 20, de 1998)

c) o lucro; (Incluído pela Emenda Constitucional nº 20, de 1998)

II - do trabalhador e dos demais segurados da previdência social, não incidindo contribuição sobre aposentadoria e pensão concedidas pelo regime geral de previdência social de que trata o art. 201; (Redação dada pela Emenda Constitucional nº 20, de 1998)

III - sobre a receita de concursos de prognósticos;

IV - do importador de bens ou serviços do exterior, ou de quem a lei a ele equiparar. (Incluído pela Emenda Constitucional nº 42, de 19.12.2003)

Note-se que o rol previsto na Constituição de 1988 não é taxativo, considerando o próprio § 4º do art. 195, que dispõe que "a lei poderá instituir outras fontes destinadas a garantir a manutenção ou expansão da seguridade social, obedecido o disposto no art. 154, I". Desse modo, atribui-se competência residual à União Federal para, mediante lei complementar, instituir novas contribuições sociais, que não digam respeito àquela mencionada no *caput* do art. 195.[9]

---

[9] De acordo com Luiz Emygdio F. da Rosa Júnior, "o STF decidiu que a remissão contida na parte final do art. 195, § 4º da CF, ao art. 154, refere-se somente à necessidade de lei complementar para criação de novas contribuições, não proibindo a coincidência da

Cumpre, por fim, instar que as contribuições para a seguridade social, com previsão constitucional no art. 195 da CRFB/1988 e no art. 74 do Ato das Disposições Constitucionais Transitórias (ADCT), *são submetidas ao princípio da anterioridade nonagesimal* (art. 195, § 6º, da CRFB/1988) *e podem ser instituídas mediante a edição de lei ordinária.*

Competência

O art. 149 da CRFB/1988 atribui exclusivamente à União competência para instituir contribuições sociais gerais; contribuições sociais de intervenção no domínio econômico e contribuições sociais no interesse de categorias profissionais ou econômicas.[10]

Ressalva o § 1º do art. 149 da CRFB/1988 que os estados, o Distrito Federal e os municípios possam instituir contribuição a ser cobrada de seus servidores para o custeio, em benefício destes, do regime previdenciário próprio, a que alude o art. 40 da CRFB/1988.[11]

> Art. 149. Compete exclusivamente à União instituir contribuições sociais, de intervenção no domínio econômico e de interesse das categorias profissionais ou econômicas, como instrumento de sua atuação nas respectivas áreas, observado o disposto nos arts. 146, III, e 150, I e III, e sem prejuízo do previsto no art. 195, § 6º, relativamente às contribuições a que alude o dispositivo.

---

base de cálculo da contribuição social com a base de cálculo de imposto já existente (RE 228.321-RS, Relator. Min. Carlos Velloso, Plenário, 1/10/98, Informativo STF n. 125, p. 1)" (ROSA JÚNIOR, Luiz Emygdio F. da. *Manual de direito financeiro e tributário*. 16. ed. Rio de Janeiro: Renovar, 2001. p. 425).

[10] Permite, ainda, em virtude da Emenda Constitucional nº 39, de 19 de dezembro de 2002, que os municípios e o Distrito Federal instituam contribuição para o custeio do serviço de iluminação pública (art. 149-A da CRFB/1988).

[11] Conforme redação dada pela Emenda Constitucional nº 41, de 19 de dezembro de 2003.

§ 1º. Os Estados, o Distrito Federal e os Municípios instituirão contribuição, cobrada de seus servidores, para o custeio, em benefício destes, do regime previdenciário de que trata o art. 40, cuja alíquota não será inferior à da contribuição dos servidores titulares de cargos efetivos da União. (Redação dada pela Emenda Constitucional nº 41, 19.12.2003)

O inciso II do § 2º do art. 149 da CRFB/1988, incluído pela Emenda Constitucional nº 33/2001, autoriza a União a instituir a contribuição ao PIS e à Cofins sobre a importação de produtos estrangeiros ou serviços, a qual é conhecida ordinariamente como "PIS-importação" e "Cofins-importação".

Imunidade e não incidência

O inciso I do § 2º do art. 149 da CRFB/1988, incluído pela Emenda Constitucional nº 33/2001, apresenta imunidade tributária que deve ser aplicada ao PIS e à Cofins, prescrevendo que tais contribuições não incidirão sobre as receitas decorrentes de exportação.

Outra imunidade se encontra prevista no art. 195, § 7º, da CRFB/1988,[12] que se refere às entidades beneficentes de assistência social que atendam às exigências estabelecidas em lei, a qual, segundo o STF, é a Lei nº 8.212, de 24 de julho de 1991.[13]

Consoante entendimento manifestado pelo plenário do STF, em 13 de fevereiro de 2014, no julgamento do RE nº 636.941/RS, de relatoria do ministro Luiz Fux,

---

[12] CRFB/1988: "Art. 195. [...] § 7º. São isentas de contribuição para a seguridade social as entidades beneficentes de assistência social que atendam às exigências estabelecidas em lei".
[13] Nesse sentido, vide item 12 da ementa do RE nº 636.941/RS: "12. A lei a que se reporta o dispositivo constitucional contido no § 7º, do art. 195, CF/88, segundo o Supremo Tribunal Federal, é a Lei nº 8.212/91 (MI 616/SP, Rel. Min. Nélson Jobim, Pleno, DJ 25/10/2002)".

as entidades que promovem a assistência social beneficente (art. 195, § 7º, CF/88) somente fazem jus à imunidade se preencherem cumulativamente os requisitos de que trata o art. 55, da Lei nº 8.212/91, na sua redação original,[14] e aqueles previstos nos artigos 9º e 14, do CTN.

Dessa forma, nos termos afirmados pelo STF no acórdão do RE nº 636.941/RS,

> a imunidade tributária e seus requisitos de legitimação, os quais poderiam restringir o seu alcance, estavam estabelecidos no art. 14, do CTN, e foram recepcionados pelo novo texto constitucional de 1988. Por isso que razoável se permitisse que outras declarações relacionadas com os aspectos intrínsecos das instituições imunes viessem regulados por lei ordinária, tanto mais que o direito tributário utiliza-se dos conceitos e categorias elaborados pelo ordenamento jurídico privado, expresso pela legislação infraconstitucional.

Nesse contexto, portanto, a entidade beneficente de assistência social fruirá da imunidade em relação à contribuição para o PIS e para a Cofins sobre o total da sua receita, desde que preencha os requisitos previstos na redação original do art. 55 da Lei nº 8.212/1991 e nos arts. 9º e 14 do CTN, transcritos a seguir:

> Art. 55. [Lei nº 8.212/1991]. Fica isenta das contribuições de que tratam os arts. 22 e 23 desta Lei a entidade beneficente de

---

[14] As alterações introduzidas pelo art. 1º da Lei nº 9.738/1998 no art. 55 da Lei nº 8.212/1991 foram suspensas liminarmente pelo STF nos autos da ADI nº 2.028 MC/DF, de relatoria do ministro Moreira Alves, publicado no *DJ* em 16 jun. 2000.

assistência social que atenda aos seguintes requisitos cumulativamente:

I - seja reconhecida como de utilidade pública federal e estadual ou do Distrito Federal ou municipal;

II - seja portadora do Certificado ou do Registro de Entidade de Fins Filantrópicos, fornecido pelo Conselho Nacional de Serviço Social, renovado a cada três anos;

III - promova a assistência social beneficente, inclusive educacional ou de saúde, a menores, idosos, excepcionais ou pessoas carentes;

IV - não percebam seus diretores, conselheiros, sócios, instituidores ou benfeitores remuneração e não usufruam vantagens ou benefícios a qualquer título;

V - aplique integralmente o eventual resultado operacional na manutenção e desenvolvimento de seus objetivos institucionais, apresentando anualmente ao Conselho Nacional da Seguridade Social relatório circunstanciado de suas atividades.

Art. 9º [CTN]. É vedado à União, aos Estados, ao Distrito Federal e aos Municípios:

I - instituir ou majorar tributos sem que a lei o estabeleça, ressalvado, quanto à majoração, o disposto nos artigos 21, 26 e 65;

II - cobrar imposto sobre o patrimônio e a renda com base em lei posterior à data inicial do exercício financeiro a que corresponda;

III - estabelecer limitações ao tráfego, no território nacional, de pessoas ou mercadorias, por meio de tributos interestaduais ou intermunicipais;

IV - cobrar imposto sobre:

a) o patrimônio, a renda ou os serviços uns dos outros;

b) templos de qualquer culto;

c) o patrimônio, a renda ou serviços dos partidos políticos, inclusive suas fundações, das entidades sindicais dos trabalhadores, das instituições de educação e de assistência social, sem fins lucrativos, observados os requisitos fixados na Seção II deste Capítulo; (Redação dada pela Lei Complementar nº 104, de 10.1.2001)

d) papel destinado exclusivamente à impressão de jornais, periódicos e livros.

§ 1º. O disposto no inciso IV não exclui a atribuição, por lei, às entidades nele referidas, da condição de responsáveis pelos tributos que lhes caiba reter na fonte, e não as dispensa da prática de atos, previstos em lei, assecuratórios do cumprimento de obrigações tributárias por terceiros.

§ 2º. O disposto na alínea "a" do inciso IV aplica-se, exclusivamente, aos serviços próprios das pessoas jurídicas de direito público a que se refere este artigo, e inerentes aos seus objetivos.

Art. 14. [CTN] O disposto na alínea "c" do inciso IV do art. 9º é subordinado à observância dos seguintes requisitos pelas entidades nele referidas:

I - não distribuírem qualquer parcela de seu patrimônio ou de suas rendas, a qualquer título; (Redação dada pela Lcp nº 104, de 10.1.2001)

II - aplicarem integralmente, no País, os seus recursos na manutenção dos seus objetivos institucionais;

III - manterem escrituração de suas receitas e despesas em livros revestidos de formalidades capazes de assegurar sua exatidão.

§ 1º. Na falta de cumprimento do disposto neste artigo, ou no § 1º do art. 9º, a autoridade competente pode suspender a aplicação do benefício.

§ 2º. Os serviços a que se refere a alínea "c" do inciso IV do art. 9º são exclusivamente, os diretamente relacionados com os objetivos institucionais das entidades de que trata este artigo, previstos nos respectivos estatutos ou atos constitutivos.

A Lei nº 10.865, de 30 de abril de 2004, ao instituir o PIS-importação e a Cofins-importação, prevê que as contribuições não incidirão, na forma de seu art. 2º, sobre:

I - bens estrangeiros que, corretamente descritos nos documentos de transporte, chegarem ao País por erro inequívoco ou comprovado de expedição e que forem redestinados ou devolvidos para o exterior;

II - bens estrangeiros idênticos, em igual quantidade e valor, e que se destinem à reposição de outros anteriormente importados que se tenham revelado, após o desembaraço aduaneiro, defeituosos ou imprestáveis para o fim a que se destinavam, observada a regulamentação do Ministério da Fazenda;

III - bens estrangeiros que tenham sido objeto de pena de perdimento, exceto nas hipóteses em que não sejam localizados, tenham sido consumidos ou revendidos;

IV - bens estrangeiros devolvidos para o exterior antes do registro da declaração de importação, observada a regulamentação do Ministério da Fazenda;

V - pescado capturado fora das águas territoriais do País por empresa localizada no seu território, desde que satisfeitas as exigências que regulam a atividade pesqueira;

VI - bens aos quais tenha sido aplicado o regime de exportação temporária;

VII - bens ou serviços importados pelas entidades beneficentes de assistência social, nos termos do § 7º do art. 195 da Constituição Federal, observado o disposto no art. 10 desta Lei;

VIII - bens em trânsito aduaneiro de passagem, acidentalmente destruídos;

IX - bens avariados ou que se revelem imprestáveis para os fins a que se destinavam, desde que destruídos, sob controle aduaneiro, antes de despachados para consumo, sem ônus para a Fazenda Nacional;

X - o custo do transporte internacional e de outros serviços, que tiverem sido computados no valor aduaneiro que serviu de base de cálculo da contribuição; e

XI - valor pago, creditado, entregue, empregado ou remetido à pessoa física ou jurídica a título de remuneração de serviços vinculados aos processos de avaliação da conformidade, metrologia, normalização, inspeção sanitária e fitossanitária, homologação, registros e outros procedimentos exigidos pelo país importador sob o resguardo dos acordos sobre medidas sanitárias e fitossanitárias (SPS) e sobre barreiras técnicas ao comércio (TBT), ambos do âmbito da Organização Mundial do Comércio. OMC. (Incluído pela Lei nº 12.249, de 2010).

Parágrafo único. O disposto no inciso XI não se aplica à remuneração de serviços prestados por pessoa física ou jurídica residente ou domiciliada em país ou dependência com tributação favorecida ou beneficiada por regime fiscal privilegiado, de que tratam os arts. 24 e 24-A da Lei nº 9.430, de 27 de dezembro de 1996. (Incluído pela Lei nº 12.249, de 2010)

Isenções

Diversos são os dispositivos legais que trazem hipóteses isentivas para a contribuição ao PIS e à Cofins, de modo que não se faz possível, neste trabalho, a análise exaustiva de todas as hipóteses legais. Assim, a título de exemplos, cumpre citar as principais isenções verificadas em relação aos tributos em análise, remetendo-se, por oportuno, o leitor a uma análise mais minuciosa dos diplomas ora citados, caso deseje realizar um estudo mais profundo sobre o tema.

Para uma organização melhor, será o tópico subdividido, conforme sejam as isenções subjetivas (em decorrência da pessoa beneficiada) ou objetivas (em razão da receita auferida).

ISENÇÕES SUBJETIVAS

Em relação ao PIS-Cofins-importação,[15] tem-se a previsão de isenção subjetiva no art. 9º, *caput*, e inciso I, da Lei nº 10.865/2004, para as importações realizadas: (1) pela União, pelos estados, pelo Distrito Federal e pelos municípios; (2) pelas autarquias desses entes de direito público interno; (3) pelas fundações instituídas e mantidas pelo poder público; (4) pelas missões diplomáticas e repartições consulares de caráter permanente e por seus respectivos integrantes; (5) pelas representações de organismos internacionais de caráter permanente, inclusive os de âmbito regional, dos quais o Brasil seja membro, e por seus respectivos integrantes.[16]

Na forma do art. 14 da Medida Provisória nº 2.158-35/2001, também são isentas da Cofins as receitas relativas às atividades próprias das entidades listadas no art. 13 dessa mesma medida provisória.

ISENÇÕES OBJETIVAS

De acordo com o art. 14 da Medida Provisória nº 2.158-35/2001, regulamentado pelo art. 46 da Instrução Normativa SRF nº 247, de 21 de novembro de 2002, são isentas de PIS/Cofins as receitas:

---

[15] Na forma do art. 10, *caput*, da Lei nº 10.865/2004, quando a isenção for vinculada à qualidade do importador, a transferência de propriedade ou cessão de uso dos bens, a qualquer título, obriga ao prévio recolhimento da contribuição do PIS/Cofins-importação, exceto nas hipóteses excepcionais elencadas no parágrafo único do art. 10 da Lei nº 10.865/2004.
[16] É importante destacar que essas isenções, conforme determina o art. 9º, § 1º, da Lei nº 10.865/2004, somente serão concedidas se satisfeitos os requisitos e condições exigidos para o reconhecimento da isenção do Imposto sobre Produtos Industrializados (IPI).

Art. 14. [...]

I - dos recursos recebidos a título de repasse, oriundos do Orçamento Geral da União, dos Estados, do Distrito Federal e dos Municípios, pelas empresas públicas e sociedades de economia mista;

II - da exportação de mercadorias para o exterior;

III - dos serviços prestados a pessoa física ou jurídica residente ou domiciliada no exterior, cujo pagamento represente ingresso de divisas;

IV - do fornecimento de mercadorias ou serviços para uso ou consumo de bordo em embarcações e aeronaves em tráfego internacional, quando o pagamento for efetuado em moeda conversível;

V - do transporte internacional de cargas ou passageiros;

VI - auferidas pelos estaleiros navais brasileiros nas atividades de construção, conservação, modernização, conversão e reparo de embarcações pré-registradas ou registradas no Registro Especial Brasileiro – REB, instituído pela Lei nº 9.432, de 8 de janeiro de 1997;

VII - de frete de mercadorias transportadas entre o País e o exterior pelas embarcações registradas no REB, de que trata o art. 11 da Lei nº 9.432, de 1997;

VIII - de vendas realizadas pelo produtor-vendedor às empresas comerciais exportadoras nos termos do Decreto-Lei nº 1.248, de 29 de novembro de 1972, e alterações posteriores, desde que destinadas ao fim específico de exportação para o exterior;

IX - de vendas, com fim específico de exportação para o exterior, a empresas exportadoras registradas na Secretaria de Comércio Exterior do Ministério do Desenvolvimento, Indústria e Comércio Exterior;

X - relativas às atividades próprias das entidades a que se refere o art. 13.

§ 1º. São isentas da contribuição para o PIS/PASEP as receitas referidas nos incisos I a IX do *caput*.[17]

Por expressa previsão do § 2º do art. 14 da Medida Provisória nº 2.158-35/2001, a isenção da contribuição para o PIS não alcança: "a empresa estabelecida na Amazônia Ocidental ou em área de livre comércio" (inciso I) e "o estabelecimento industrial para industrialização de produtos destinados à exportação, ao amparo do art. 3º da Lei nº 8.402, de 8 de janeiro de 1992" (inciso II).

As leis que regulam o regime de incidência não cumulativo da contribuição para o PIS e para a Cofins,[18] PIS-importação e Cofins-importação[19] trazem isenção para as receitas decorrentes de venda de energia elétrica pela Itaipu Binacional.

A Medida Provisória nº 2.158-35/2001 traz, em seu art. 14, X, a isenção da Cofins para as receitas relativas às atividades próprias das entidades que, listadas no art. 13 dessa mesma medida provisória, ficam sujeitas apenas à incidência do PIS-folha de salários (como será visto adiante):

I - templos de qualquer culto;
II - partidos políticos;
III - instituições de educação e de assistência social a que se refere o art. 12 da Lei nº 9.532, de 10 de dezembro de 1997;
IV - instituições de caráter filantrópico, recreativo, cultural, científico e as associações, a que se refere o art. 15 da Lei nº 9.532, de 1997;

---

[17] Pela interpretação do *caput* do art. 14 da Medida Provisória nº 2.158-35/2001, e seu § 1º, a isenção da contribuição ao PIS não alcança as receitas decorrentes de atividades próprias das entidades mencionadas no art. 13 da mesma medida provisória. Assim, como será analisado em tópico oportuno, as referidas entidades se sujeitam ao recolhimento do PIS-folha de salários e da Cofins.
[18] Lei nº 10.637, de 30 de dezembro de 2002 (PIS), e Lei nº 10.833, de 29 de dezembro de 2003 (Cofins).
[19] Lei nº 10.865, de 30 de abril de 2004.

V - sindicatos, federações e confederações;
VI - serviços sociais autônomos, criados ou autorizados por lei;
VII - conselhos de fiscalização de profissões regulamentadas;
VIII - fundações de direito privado e fundações públicas instituídas ou mantidas pelo Poder Público;
IX - condomínios de proprietários de imóveis residenciais ou comerciais; e
X - a Organização das Cooperativas Brasileiras – OCB e as Organizações Estaduais de Cooperativas previstas no art. 105 e seu § 1º da Lei nº 5.764, de 16 de dezembro de 1971.

Em que pese a legislação desonerar as receitas de atividades próprias dessas entidades, submetendo a tributação às demais receitas, trata-se, em verdade, de hipótese de imunidade tributária e não isentiva, ao passo que a Constituição Federal, em seu art. 195, § 7º, como visto acima, prevê a imunidade em relação às contribuições destinadas ao financiamento da seguridade social para as entidades beneficentes de assistência social que atendam aos requisitos previstos na redação original do art. 55 da Lei nº 8.212/91 e nos arts. 9º e 14 do CTN.

A limitação dessa imunidade às receitas próprias foi objeto de questionamento no Judiciário pelo Sindicato das Santas Casas de Misericórdia e Hospitais Filantrópicos de Ribeirão Preto e Região, tendo o Órgão Especial do Tribunal Regional Federal da Terceira Região, em julgamento realizado em 29 de maio de 2013, julgado procedente, por unanimidade, a arguição de inconstitucionalidade, declarando a inconstitucionalidade do art. 14, X, da Medida Provisória nº 2.158-35/2001, no que tange às entidades de assistência social, em face da norma do art. 195, § 7º, da CRFB/88.[20]

---

[20] BRASIL. Órgão Especial do Tribunal Federal da Terceira Região. Arguição de Inconstitucionalidade Cível nº 0005632-73.2004.4.03.6102/SP. Relatora: desembargadora

A extensão do conceito de receitas próprias para fins de reconhecimento da isenção de Cofins será analisada pela Primeira Seção do Superior Tribunal de Justiça (STJ), quando do julgamento do REsp nº 1.353.111/RS de relatoria do ministro Mauro Campbell Marques, o qual foi recebido como representativo de controvérsia, na forma do art. 543-C do Código de Processo Civil (CPC), por decisão monocrática de 7 de março de 2013.

Em relação ao PIS-Cofins-importação,[21] tem-se a previsão de isenção objetiva no art. 9º, *caput* e inciso II, da Lei nº 10.865/2004, para as importações de:

> II - [...]
>
> a) amostras e remessas postais internacionais, sem valor comercial;
>
> b) remessas postais e encomendas aéreas internacionais, destinadas a pessoa física;
>
> c) bagagem de viajantes procedentes do exterior e bens importados a que se apliquem os regimes de tributação simplificada ou especial;
>
> d) bens adquiridos em loja franca no País;
>
> e) bens trazidos do exterior, no comércio característico das cidades situadas nas fronteiras terrestres, destinados à subsistência da unidade familiar de residentes nas cidades fronteiriças brasileiras;

---

federal Cecília Marcondes. Julgamento em 29 de maio de 2013. Acórdão publicado no *Diário Oficial* de 7 jun. 2013. Disponível em: <web.trf3.jus.br/acordaos/Acordao/BuscarDocumentoGedpro/1223091>. Acesso em: 30 set. 2013.

[21] Na forma do art. 10, *caput*, da Lei nº 10.865/2004, quando a isenção for vinculada à qualidade do importador, a transferência de propriedade ou cessão de uso dos bens, a qualquer título, obriga ao prévio recolhimento da contribuição do PIS-importação e Cofins-importação, exceto nas hipóteses excepcionais elencadas no parágrafo único do art. 10 da Lei nº 10.865/2004.

f) bens importados sob o regime aduaneiro especial de drawback, na modalidade de isenção;
g) objetos de arte, classificados nas posições 97.01, 97.02, 97.03 e 97.06 da NCM, recebidos em doação, por museus instituídos e mantidos pelo poder público ou por outras entidades culturais reconhecidas como de utilidade pública; e
h) máquinas, equipamentos, aparelhos e instrumentos, e suas partes e peças de reposição, acessórios, matérias-primas e produtos intermediários, importados por instituições científicas e tecnológicas e por cientistas e pesquisadores, conforme o disposto na Lei nº 8.010, de 29 de março de 1990.

São ainda isentas de PIS-importação e Cofins-importação,[22] conforme previsão do art. 38, *caput*, da Lei nº 11.488, de 15 de junho de 2007,[23] a importação de:

> I - troféus, medalhas, placas, estatuetas, distintivos, flâmulas, bandeiras e outros objetos comemorativos recebidos em evento cultural, científico ou esportivo oficial realizado no exterior ou para serem distribuídos gratuitamente como premiação em evento esportivo realizado no País;
> II - bens dos tipos e em quantidades normalmente consumidos em evento esportivo oficial; e
> III - material promocional, impressos, folhetos e outros bens com finalidade semelhante, a serem distribuídos gratuitamente ou utilizados em evento esportivo oficial.

---

[22] Consoante o art. 11 da Lei nº 10.865/2004, a isenção do PIS-importação e da Cofins-importação, quando for vinculada à destinação dos bens, ficará condicionada à comprovação posterior do seu efetivo emprego nas finalidades que motivaram a concessão.
[23] De acordo com o parágrafo único desse dispositivo, a isenção também se aplica aos bens importados por desportistas, desde que tenham sido utilizados por estes em evento esportivo oficial e recebidos em doação de entidade de prática desportiva estrangeira ou da promotora ou patrocinadora do evento.

Análise geral dos critérios da regra matriz de incidência tributária

Sujeito ativo

Conforme tópico precedente, a competência tributária para a instituição de contribuições para a seguridade social é da União, a qual será o sujeito ativo das espécies tributárias analisadas neste estudo (contribuição para o PIS e a Cofins).

Sujeito passivo

Na redação original do art. 195 da CRFB/1988, o sujeito passivo das contribuições para a seguridade social era o "empregador". A partir da Emenda Constitucional nº 20/1998, passou-se a exigir as ditas contribuições sociais "do empregador, da empresa e da entidade a ela equiparada na forma da lei".

Com a Emenda Constitucional nº 42, de 19 de dezembro de 2003, o importador de bens ou serviços do exterior, ou de quem a lei a este equiparar, passou à qualidade de sujeito passivo das contribuições sociais, a partir da Lei nº 10.865/2004, incidentes também sobre a importação de bens e serviços.

Critério material: hipóteses de incidência[24]

De acordo com o art. 195 da CRFB/1988, alterado pelas emendas constitucionais nº 20/1998, e nº 42/2003, o *caput* e incisos I *usque* IV, apresentam a seguinte redação hoje:

---

[24] Vide art. 1º da Lei Complementar nº 70/1991; art. 2º da Lei nº 9.715/1998; art. 2º da Lei nº 9.718/1998; art. 1º da Lei nº 10.637/2002; art. 1º da Lei nº 10.833/2003; art. 1º da Lei nº 10.865/2004; e art. 2º da Instrução Normativa SRF nº 247/2002.

Art. 195. A seguridade social será financiada por toda a sociedade, de forma direta e indireta, nos termos da lei, mediante recursos provenientes dos orçamentos da União, dos Estados, do Distrito Federal e dos Municípios, e das seguintes contribuições sociais:

I - do empregador, da empresa e da entidade a ela equiparada na forma da lei, incidentes sobre:

a) a folha de salários e demais rendimentos do trabalho pagos ou creditados, a qualquer título, à pessoa física que lhe preste serviço, mesmo sem vínculo empregatício;

b) a receita ou o faturamento;

c) o lucro;

II - do trabalhador e dos demais segurados da previdência social, não incidindo contribuição sobre aposentadoria e pensão concedidas pelo regime geral de previdência social de que trata o art. 201;

III - sobre a receita de concursos de prognósticos;

IV - do importador de bens ou serviços do exterior, ou de quem a lei a ele equiparar.

Assim, a contribuição para o PIS tem como hipótese de incidência três fatos imponíveis distintos, a saber:

1) o faturamento ou a receita obtida pela pessoa jurídica de direito privado e as que lhe são equiparadas na forma da legislação do imposto de renda;
2) a folha de salários das entidades de relevância social;[25]
3) o valor aduaneiro ou o valor da remessa ao exterior, no caso de importação de serviços.[26]

---

[25] Por ter características próprias, o PIS-folha de salário será analisado em tópico próprio ("PIS sobre folha de salários", p. 56).
[26] Remetemos ao tópico "Base de cálculo e o conceito legal de valor aduaneiro", adiante, no qual será analisada a definição legal de valor aduaneiro.

A Cofins tem como hipótese de incidência o auferimento de receita pelas pessoas jurídicas de direito privado ou entidades a elas equiparadas na forma da legislação do imposto de renda.

A Lei nº 10.865/2004 instituiu o PIS-importação e a Cofins-importação com base no art. 149, § 2º, II, e do art. 195, IV, da CRFB/1988, incidente sobre a importação de bens e serviços do exterior.

Discussão acerca do conceito de faturamento

O texto do art. 195 da CRFB/1988, que disciplinava as contribuições destinadas à seguridade social, anteriormente à edição das emendas constitucionais nº 20/1998 e nº 42/2003, era assim redigido:

> Art. 195. A seguridade social será financiada por toda a sociedade, de forma direta e indireta, nos termos da lei, mediante recursos provenientes dos orçamentos da União, dos Estados, do Distrito Federal e dos Municípios, e das seguintes contribuições sociais:
> I - dos empregadores, incidente sobre a folha de salários, o faturamento e o lucro; [...]

Neste contexto, com fundamento no art. 195, I, da CRFB/1988, foi instituída a Cofins, mediante a edição da Lei Complementar nº 70/1991, cujos arts. 1º e 2º merecem transcrição:

> Art. 1º. Sem prejuízo da cobrança das contribuições para o Programa de Integração Social (PIS) e para o Programa de Formação do Patrimônio do Servidor Público (Pasep), fica instituída contribuição social para financiamento da Seguridade Social, nos termos do inciso I do art. 195 da Constituição Federal,

devida pelas pessoas jurídicas inclusive as a elas equiparadas pela legislação do imposto de renda, destinadas exclusivamente às despesas com atividades-fins das áreas de saúde, previdência e assistência social.

Art. 2º. A contribuição de que trata o artigo anterior será de dois por cento e incidirá sobre o faturamento mensal, assim considerado a receita bruta das vendas de mercadorias, de mercadorias e serviços e de serviço de qualquer natureza.

Vale notar que, com a promulgação da Constituição de 1988, a exigência da contribuição para o PIS foi mantida com fundamento na Lei Complementar nº 7/1970, que foi recepcionada pela Nova Carta Constitucional em seu art. 239 e teve, nessa ocasião, sua arrecadação vinculada ao financiamento do seguro-desemprego e do abono anual, como já visto em tópico anterior. Nos termos da Lei Complementar nº 70/1991, a base de cálculo do PIS e da Cofins era, exclusivamente, o faturamento mensal das pessoas jurídicas, assim entendido como a receita bruta da venda de mercadorias, de mercadorias e serviços e de serviços de qualquer natureza (*ipsis litteris*).

Logo, as receitas não operacionais, por exemplo, aquelas decorrentes de rendimentos de aplicação financeira, não estavam compreendidas no conceito de vendas de bens ou serviços, por isso alheias ao dever de recolher o PIS e a Cofins.

Ao apreciar a questão, o STF afastou o argumento de alguns juristas acerca da ocorrência de bitributação[27] pelo fato de as duas contribuições sociais incidirem sobre a mesma base de cálculo (faturamento).

---

[27] BRASIL. Supremo Tribunal Federal. Pleno. ADC nº 1-1/DF. Relator: ministro Moreira Alves. Julgamento em 1º de dezembro de 1993. *DJ*, 16 jun. 1995.

Com a promulgação da Lei nº 9.718, de 27 de novembro de 1998, publicada no *Diário Oficial da União* (*DOU*) de 28 de novembro de 1998, pretendeu-se "alargar" a materialidade do PIS e da Cofins, passando a incidência a alcançar todas as receitas auferidas pelas pessoas jurídicas, e não somente as vendas de mercadorias e de serviços. Note-se:

> Art. 2º. As contribuições para o PIS/PASEP e a COFINS, devidas pelas pessoas jurídicas de direito privado, serão calculadas com base no seu faturamento, observadas a legislação vigente e as alterações introduzidas por esta Lei.
>
> Art. 3º. O faturamento a que se refere o artigo anterior corresponde à receita bruta da pessoa jurídica.
> § 1º. Entende-se por receita bruta a totalidade das receitas auferidas pela pessoa jurídica, sendo irrelevantes o tipo de atividade por ela exercida e a classificação contábil adotada para as receitas.
>
> Art. 17. Esta Lei entra em vigor na data de sua publicação, produzindo efeitos:
> I - em relação aos arts. 2º a 8º, para os fatos geradores ocorridos a partir de 1º de fevereiro de 1999; [...]

Dessa forma, a partir da vigência da Lei nº 9.718/1998 (em 1º de fevereiro de 1999), a totalidade das receitas auferidas pela pessoa jurídica, isto é, sua receita bruta (a qual inclui as receitas não operacionais) estaria sujeita à incidência do PIS e da Cofins, eis que, de acordo com a redação da citada lei, o faturamento da pessoa jurídica corresponderia à totalidade das receitas por ela auferidas, sendo irrelevantes o tipo de atividade por ela exercida e a classificação contábil adotada para as receitas.

No entanto, ao analisar a jurisprudência do STF e do STJ, verifica-se que a definição de faturamento dada pelo § 1º do art. 3º da Lei nº 9.718/1998 seria incompatível com o conceito de faturamento do art. 195, I, da CRFB/1988, vigente à época da publicação da referida lei federal (o qual foi considerado o advindo do direito comercial).

O STF, ao apreciar a constitucionalidade dos arts. 1º, 2º, 9º (em parte), 10 e 13 (em parte) da Lei Complementar nº 70/1991, na ADC nº 1-1/DF, manifestou entendimento no sentido de que o faturamento corresponde à receita bruta, considerada como estabelecida no art. 22, "a", do Decreto-Lei nº 2.397, de 21 de dezembro de 1987.

De acordo com a interpretação conferida a esse dispositivo pelo Pleno do tribunal, a receita bruta proveniente da venda de mercadoria e serviço de qualquer natureza não se confunde com a totalidade das receitas auferidas pelo empregador.[28; 29]

A propósito, vale citar parte do voto do relator, ministro Moreira Alves, no bojo da ADC nº 1-1/DF:

> Note-se que a Lei Complementar nº 70/91, ao considerar o faturamento como "a receita bruta das vendas de mercadorias, de mercadorias e serviços e de serviços de qualquer natureza" nada mais fez do que lhe dar a conceituação de faturamento para efeitos fiscais, como bem assinalou o eminente Ministro ILMAR GALVÃO, no voto que proferiu no RE 150.764, ao acentuar que o conceito de receita bruta das vendas de mercadorias e de mercadorias e serviços "coincide com o de faturamento, que, para efeitos fiscais, foi sempre entendido como o produto de todas as vendas, e não apenas das vendas acompanhadas de

---

[28] Supremo Tribunal Federal. *Revista Trimestral de Jurisprudência*, v. 156, p. 721-722, jun. 1996.
[29] No mesmo sentido: BRASIL. Supremo Tribunal Federal. Pleno. RE nº 150.755/PE. Relator: ministro Carlos Velloso. Relator para acórdão: ministro Sepúlveda Pertence. Julgamento em 18 de novembro de 1992. *DJ*, 20 ago. 1993.

fatura, formalidade exigida tão somente nas vendas mercantis a prazo" (art. 1º da lei nº 187/36).

Desse modo, o conceito de faturamento que tratava o art. 195, I, da CRFB/1988 anteriormente à edição da Emenda Constitucional nº 20/1998, não pode compreender outro tipo de receita que não seja decorrente das vendas realizadas e serviços prestados pelas pessoas jurídicas.

Destaque-se a lição de Geraldo Ataliba e Cléber Giardino:[30]

> Assim, para haver "faturamento", é indispensável que se tenham realizado operações mercantis, ou vendido produtos, ou prestado serviços, ou realizado operações similares. Sobre tais operações é que, no caso, recairá a incidência. Estas, teoricamente, as materialidades das hipóteses de incidência cuja quantificação pode expressar-se no faturamento.

Logo, pela simples leitura do texto normativo, verifica-se que a Lei nº 9.718/1998 pretendeu alcançar um inequívoco "alargamento" da base de cálculo das contribuições sociais.

Ocorre que a nova definição legal de faturamento (como se fosse equiparado à totalidade das receitas auferidas pela pessoa jurídica) extrapola o conceito de faturamento aplicado pela jurisprudência (ou seja, aquele consagrado pelo direito comercial), pois a receita bruta a ser considerada compreende não só a receita de bens e serviços, mas todas as demais receitas, inclusive as "receitas não operacionais",[31] que não são e nem podem ser equiparadas a faturamento.

---

[30] ATALIBA, Geraldo; GIARDINO, Cléber. PIS: exclusão do ICM de sua base de cálculo. Revista de Direito Tributário, São Paulo, n. 35, p. 156, 1986.
[31] A Lei nº 11.941, de 27 de maio de 2009, além de instituir o Regime Tributário de Transição (RTT) de apuração do lucro real, que trata dos ajustes tributários decorrentes dos novos métodos e critérios contábeis introduzidos pela Lei nº 11.638, de 28

A Lei nº 9.718/1998, ao ampliar o conceito de faturamento, criou, na verdade, outra fonte de manutenção e financiamento da seguridade social, sem o devido processo legislativo previsto pela Constituição de 1988. De acordo com a norma contida no art. 195, § 4º, da CRFB/1988, tal disposição somente poderia ocorrer por meio de lei complementar. Enquanto isso, a Lei nº 9.718/1998 configura-se uma lei ordinária, por sua fonte e processo legislativo de formação.

O art. 195, I, II e III, da Constituição Republicana (anteriormente à Emenda Constitucional nº 20/1998) dispunha que as contribuições para a seguridade social poderiam incidir sobre a folha de salários, o faturamento ou o lucro, não existindo a previsão de incidência sobre receita (tida pela jurisprudência como materialidade diversa do faturamento e a ele não equiparável).

Por isso, entendeu-se que a Lei nº 9.178/1998 já nasceu inconstitucional, uma vez que não encontrava amparo no campo impositivo do sistema constitucional tributário para instituir a base de cálculo mensurada sobre a *receita auferida* pelo contribuinte. Do contrário, estaria criada uma nova fonte de custeio da seguridade social, sem que, repita-se, fosse observado o processo legislativo exigido pelo art. 195, § 4º, da CRFB/1988.

O art. 110 do Código Tributário Nacional (CTN) preconiza a impossibilidade de a lei tributária alterar definição, conteúdo, instituto, conceito e formas do direito privado, o que embasou a posição de que seria impossível a Lei nº 9.718/1998 alterar o *conceito de faturamento*, sem fundamento constitucional que o amparasse.

---

de dezembro de 2007, promoveu substanciais alterações normativas na Lei nº 6.404, de 15 de dezembro de 1976, que dispõe sobre as sociedades por ações. Entre outras modificações legislativas, a Lei nº 11.941/2009 alterou o art. 187 da Lei nº 6.404/1976, a fim de deixar de fazer menção às "receitas não operacionais". A partir da vigência da Lei nº 11.941/2009, as "receitas não operacionais" passaram a se denominar "outras receitas". Confira o que se expõe a partir do inciso IV do mencionado dispositivo legal.

Art. 110. A lei tributária não pode alterar a definição, o conteúdo e o alcance de institutos, conceitos e formas de direito privado, utilizados, expressa ou implicitamente, pela Constituição Federal, pelas Constituições dos Estados, ou pelas Leis Orgânicas do Distrito Federal ou dos Municípios, para definir ou limitar competências tributárias.

Posteriormente ao advento da Lei nº 9.718 (ou seja, após 27 de *novembro* de 1998), foi publicada a Emenda Constitucional nº 20, no *DOU* de 16 de *dezembro* de 1998, a qual incluiu na alínea "b" do inciso I do art. 195 da CRFB/1988 a autorização constitucional para que a receita, ao lado do faturamento, fosse utilizada pelo legislador como materialidade do PIS e da Cofins.

Art. 195. [...]
I. do empregador, da empresa e da entidade a ela equiparada na forma da lei, incidentes sobre: [...]
b) *a receita ou o faturamento* [grifo meu];

Antes da edição da Emenda Constitucional nº 20/1998, a receita não era materialidade – base de cálculo que pudesse ser validamente utilizada pelo legislador, que, segundo a jurisprudência, deveria se ater ao faturamento (entendido como a venda de mercadorias e/ou serviços – acolhendo-se o conceito de faturamento previsto na Lei Complementar nº 70/1991). Assim, somente a partir desse momento, poderia o legislador validamente instituir as contribuições quer sobre o faturamento, quer sobre a receita, promovendo a equiparação das definições como fizera anteriormente. Inicialmente, afirmou-se que a Emenda Constitucional nº 20/1998, ao incluir expressão abrangente: "*a receita ou o faturamento*" (art. 195, I, "a", com a nova redação), teria mostrado ser inquestionável que o conceito de faturamento não admite interpretação extensiva, de modo a incluir a equiparação deste à receita.

Em outras palavras, se foi necessário incluir a expressão "receita" para viabilizar a instituição de contribuições sociais por lei ordinária (no caso, a Lei nº 9.718/1998), ultrapassando o limite qualitativo compreendido até então sob a definição de faturamento, pode-se concluir que essa expressão "faturamento" inserta na Constituição não era suficiente para estender a incidência à totalidade das receitas do contribuinte.

Portanto, nem mesmo a edição da Emenda Constitucional nº 20/1998 pacificou a controvérsia, pois, ainda que se legitime a equiparação da definição de faturamento à receita efetivada pela Lei nº 9.718/1998, tem-se que essa norma foi promulgada anteriormente, sem respaldo constitucional. Nesse sentido, abriu-se grande debate jurídico em torno do "alargamento" da base de cálculo das contribuições sociais, colocando-se em destaque as seguintes lições:

> Diante desse quadro, as modificações introduzidas pela Lei nº 9.718/1998 (alteração da base de cálculo do PIS para a totalidade das receitas e, não apenas, a receita de venda de bens e serviços para quem efetua vendas de mercadorias e o lucro para quem é prestador de serviços, e alteração da base da COFINS, que passou a incluir a totalidade das receitas e, não apenas, o somatório de operações de venda de mercadorias ou prestação de serviços) são inconstitucionais. Em virtude dessa inconstitucionalidade, as modificações introduzidas pela Lei nº 9.718/1998 não têm, desde a sua edição e quando quer que seja, aptidão para produzir efeitos. A concreta possibilidade da exigência de pagamento de acordo com a base de cálculo modificada constitui, portanto, ato ilegal digno de ser previamente sustado pelo Poder Judiciário.[32]

---

[32] ÁVILA, Humberto Bergmann. Cofins e PIS: inconstitucionalidade da modificação da base de cálculo e violação ao princípio da igualdade. *Repertório IOB de Jurisprudência*. São Paulo, n. 14, p. 436, jul. 1999. Caderno 1.

E ainda:

> A nossa opinião é no sentido de que a Lei nº 9.718/1998, no que concerne à ampliação da base de cálculo do PIS e da COFINS, não é válida, pois à época de sua edição não havia fundamento constitucional para amparar tal pretensão, que só passou a ser possível posteriormente, por meio de nova outorga de competência tributária contida no inciso I, "b" da Constituição, tal como alterada pela Emenda 20/98.[33]

De acordo com a doutrina citada, a cobrança do PIS e da Cofins sobre a receita (ou sobre o faturamento, considerando essa definição equiparada à de receita) somente seria válida após a edição de uma nova lei que trouxesse os elementos da regra matriz de incidência tributária.

Em outras palavras, por considerarem a Lei nº 9.718/1998 inconstitucional, não poderia ser a mesma utilizada para tal finalidade, tornando-se necessária a edição de nova lei que instituísse a alíquota, a base de cálculo e todos os elementos do tributo, com fundamento na nova previsão constitucional de possibilidade de incidência dessas contribuições sociais sobre a receita.

A questão foi levada ao Judiciário, tendo-se verificado um histórico de divergências entre os tribunais regionais federais: ao passo que algumas decisões consideravam que a previsão da Lei nº 9.718/1998 seria constitucional por ter apenas ampliado um conceito legal de faturamento que já era trazido pela própria Lei Complementar nº 70/1991, e não pelo direito comercial, outras decisões a consideravam inconstitucional por ter incluído

---

[33] GONÇALVES, José Artur Lima. Cofins – Alíquota Aumentada – Compensação com a CSLL – Isonomia – Inconstitucionalidade. *Revista Dialética de Direito Tributário*, São Paulo, v. 46, p. 133, 1999.

receitas que não compunham o faturamento, antes da alteração trazida pela Emenda Constitucional nº 20/1998, o que deveria ter sido feito por lei complementar, na forma do art. 195, § 4º, combinado com o art. 154, I, da CRFB/1988.

A Segunda Turma do STJ, analisando essa matéria, prolatou acórdão reconhecendo, por maioria, que a Lei nº 9.718/1998 afrontou o disposto no art. 110 do Código de Tributário Nacional (CTN), na parte em que alterou a base de cálculo das contribuições sociais ao PIS e à Cofins.

A seguir, trecho do voto da ministra Eliana Calmon:

> Assim foi que a comunidade jurídica, inclusive esta Corte, abraçou a ideia de que FATURAMENTO é igual à RECEITA BRUTA, como sendo esta o resultado da venda de bens e serviços. Entretanto, não se pode falar que as expressões sejam a mesma coisa de TOTALIDADE DAS RECEITAS AUFERIDAS, independentemente da classificação contábil.
>
> Afinal, pela EC 20/98, ficou a União autorizada a tributar o faturamento ou a receita, ou seja, o resultado operacional da empresa: faturamento (venda de bens e serviços) ou receita (receita realizável).
>
> A alteração constitucional fez-se necessária para ficar explicitado que a COFINS incidiria não apenas sobre aquilo que fosse faturado com "fatura" igual à nota fiscal. E isso porque os tributaristas brasileiros, apegados à lista da lei, em norma do princípio da tipicidade fechada, defenderam até mesmo a não incidência da COFINS sobre venda de imóveis.
>
> No entanto, a Lei 9.718/1998, ao optar por uma base de cálculo diferente, fazendo a COFINS incidir sobre todas as receitas, extrapolou, sem dúvida alguma, o conceito constitucional estabelecido no artigo 195, I, letra "B" e assim agrediu o art. 110 CTN.[34]

---

[34] BRASIL. Superior Tribunal de Justiça. REsp nº 501.628/SC. Segunda Turma. Relatora: ministra Eliana Calmon. Julgamento em 10 de fevereiro de 2004. *DJ*, 24 maio 2004.

O STF tinha o histórico de, sistematicamente, atribuir efeito suspensivo aos recursos extraordinários interpostos pelos contribuintes, sustando o recolhimento da Cofins nos termos da Lei nº 9.718/1998.[35]

Para aprofundamento da discussão em torno desse tema, é interessante abordar a evolução da discussão travada no julgamento do Recurso Extraordinário nº 346.084/RS interposto por contribuinte em face de acórdão prolatado pelo Tribunal Regional Federal da Quarta Região, que declarou a constitucionalidade da Lei nº 9.718/1998.

Para o relator, o ministro Ilmar Galvão, durante a *vacatio legis*, poderia a lei receber o embasamento constitucional que lhe faltava e, nesse caso, o conceito de faturamento poderia ser alterado pela referida lei ordinária, razão pela qual conheceu parcialmente do recurso e lhe deu provimento para fixar a data de 1º de fevereiro de 1999, como termo *a quo* para a contagem do prazo nonagesimal, posicionando que, a partir da Emenda Constitucional nº 20/1998, a Lei nº 9.718/1998 não carecia mais do embasamento constitucional.

Tendo pedido vista dos autos, o ministro Gilmar Mendes retomou o julgamento e, ao proferir seu voto, considerou inexistir conceito fechado de faturamento incorporado ao texto constitucional (art. 195, I) e que, tampouco, fora esse conceito definido pela Lei Complementar nº 70/1991. Assim, negou provimento ao recurso extraordinário, considerando que a Lei nº 9.718/1998 seria constitucional, em sua redação original ou posteriormente à Emenda Constitucional nº 20/1998, haja vista que se refere à expressão "faturamento", inserta no art. 195 da CRFB/1988.

---

[35] BRASIL. Supremo Tribunal Federal. AGR em MC no RE nº 386.056/BA. Relator: ministro Gilmar Mendes; MC na petição nº 2.935/BA. Relator: ministro Celso Mello; Petição nº 2.891/ES Relator: ministro Carlos Velloso.

No seu entender, o art. 195 da CRFB/1988 é norma constitucional aberta e de feição institucional, admitindo acepções diversas daquela adotada pelo direito comercial. Como salientou em seu voto-vista, o ministro Gilmar Mendes ponderou inúmeros julgados do STF que admitiram a assimilação do conceito de receita bruta ao de faturamento.

O ministro Cezar Peluso, a seu passo, votou pela inconstitucionalidade do § 1º do art. 3º da Lei nº 9.718/1998 e pela constitucionalidade de seu *caput*, conferindo interpretação conforme a Constituição, haja vista o RE nº 150.755/PE, em que se concluiu ter a locução "receita bruta" o significado de faturamento. O ministro Cezar Peluso asseverou que, na verdade, houve uma acomodação prática do termo constitucional "faturamento" às exigências da própria evolução da atividade empresarial. Por isso, compreendeu que o § 1º do art. 3º da Lei nº 9.718/1998 violou a noção de faturamento pressuposta no art. 195, I, "b", da CRFB/1988 (em sua redação original), por ampliar o conceito de receita bruta para toda e qualquer receita, e não apenas a decorrente das vendas de mercadorias, de mercadorias e serviços e de serviços de qualquer natureza. Além disso, o ministro considerou que, ainda que se entendessem compatíveis entre si o art. 195, I, "b", da CRFB/1988 e o art. 3º, § 1º, da Lei nº 9.718/1998, não haveria como sustentar possível convalidação e nem recepção desse normativo, em face do disposto no art. 195, § 4º, combinado com o art. 154, I, da CRFB/1988, ou seja, apenas uma lei complementar poderia instituir nova fonte de custeio de seguridade social, quando não prevista pela própria Constituição.

Por outro lado, em seu voto, o ministro Cezar Peluso ainda afastou a produção de efeitos da lei federal impugnada em data anterior à edição da Emenda Constitucional nº 20/1998, considerando que a vigência da Lei nº 9.718/1998, se deu 20 dias antes de ser promulgada a emenda constitucional.

Aditando seus votos, os ministros Marco Aurélio, Carlos Velloso, Celso de Mello e Sepúlveda Pertence acompanharam a linha de raciocínio do voto-vista do ministro Cezar Peluso, divergindo, unicamente, quanto à parte dispositiva, para declarar, também, a inconstitucionalidade do *caput* do art. 3º da Lei nº 9.718/1998.

Após vista do ministro Eros Grau, o STF decidiu, em 9 de novembro de 2005, por unanimidade, conhecer do RE nº 346.084/PR e, por maioria, dar-lhe provimento em parte, para declarar a inconstitucionalidade do § 1º do art. 3º da Lei nº 9.718/1998, sendo vencidos, parcialmente, os ministros Ilmar Galvão (relator), Cezar Peluso e Celso de Mello e, integralmente, os ministros Gilmar Mendes, Maurício Corrêa, Joaquim Barbosa e o presidente, ministro Nelson Jobim, tendo o ministro Sepúlveda Pertence parcialmente reformado seu voto.

CONSTITUCIONALIDADE SUPERVENIENTE – ART. 3º, § 1º, DA LEI Nº 9.718, DE 27 DE NOVEMBRO DE 1998 – EMENDA CONSTITUCIONAL Nº 20, DE 15 DE DEZEMBRO DE 1998 – O sistema jurídico brasileiro não contempla a figura da constitucionalidade superveniente. Tributário. Institutos. Expressões e vocábulos. Sentido. A norma pedagógica do art. 110 do Código Tributário Nacional ressalta a impossibilidade de a lei tributária alterar a definição, o conteúdo e o alcance de consagrados institutos, conceitos e formas de direito privado utilizados expressa ou implicitamente. Sobrepõe-se ao aspecto formal o princípio da realidade, considerados os elementos tributários. Contribuição social. PIS. Receita bruta. Noção. Inconstitucionalidade do § 1º do art. 3º da Lei nº 9.718/1998. A jurisprudência do Supremo, ante a redação do art. 195 da Carta Federal anterior à Emenda Constitucional nº 20/1998, consolidou-se no sentido de tornar as expressões receita bruta e faturamento como sinônimas, jungindo-as à venda de mercadorias, de serviços ou de mercadorias e serviços. É inconstitucional o § 1º do art. 3º da Lei nº 9.718/1998, no que ampliou o conceito de receita bruta para envolver a totalidade das receitas auferidas por pessoas jurídicas, independentemente da atividade por elas desenvolvida e da classificação contábil adotada.[36]

Regimes de incidência e suas especificidades

A apuração do PIS e da Cofins se sujeita a sistemáticas diferenciadas, as quais serão, para fins de organização e sistematização deste estudo, divididas em três classes:

1) o regime de incidência cumulativo, disciplinado pela Lei nº 9.718/1998, no qual não há apropriação nem utilização de créditos, sendo o valor do tributo, via de regra, calculado diretamente pela aplicação da alíquota sobre a base de cálculo;
2) o regime de incidência não cumulativo, introduzido pela Lei nº 10.637/2002 (PIS) e pela Lei nº 10.833/2003 (Cofins), no qual há previsão de utilização de sistema de créditos e débitos para apuração do tributo;
3) os regimes especiais de incidência, que se caracterizam por apresentar alguma especificidade em relação à apuração da base de cálculo e/ou da alíquota, conforme será visto em tópico específico.

Afora esses regimes, serão analisadas em tópicos próprios, posto possuírem peculiaridades e características próprias, a tributação incidente nas importações (PIS-importação e Cofins-importação) e sobre a folha de salários (PIS-folha de salários).

---

[36] BRASIL. Supremo Tribunal Federal. Pleno. RE nº 346.084/PR. Relator: ministro Ilmar Galvão. Julgamento em 9 de novembro de 2005. *DJ*, 1º set. 2006.

Regime de incidência cumulativo

Contribuintes

Estão sujeitos ao regime cumulativo as pessoas jurídicas e entidades mencionadas no art. 8º da Lei nº 10.637, de 30 de dezembro de 2002 (a qual instituiu a sistemática da não cumulatividade para o PIS) e no art. 10 da Lei nº 10.833, de 30 de dezembro de 2003 (a qual instituiu a sistemática da não cumulatividade para a Cofins).

Esses dispositivos submetem ao regime cumulativo, obrigatoriamente: (1) as pessoas jurídicas tributadas pelo imposto de renda com base no lucro presumido ou (2) arbitrado.

As sociedades empresárias optantes pelo Simples, as imunes a impostos, os órgãos públicos, as autarquias e fundações públicas, entre outras, também escapam à sistemática da não cumulatividade.

Assim, pode-se afirmar que a legislação impõe que as pessoas jurídicas e entidades a ela equiparadas que apurem o imposto de renda com base no lucro real, salvo exceções previstas em lei, estejam sujeitas ao regime não cumulativo. Logo, as demais pessoas jurídicas e entidades a ela equiparadas que não se submetam ao regime não cumulativo do PIS/Cofins estarão submetidas ao regime cumulativo.

Base de cálculo[37]

A base de cálculo no regime cumulativo, tanto para a contribuição ao PIS quanto para a Cofins, conforme previsto no

---

[37] Com a edição da Lei nº 12.973, de 14 de maio de 2014, e nos termos de seu art. 64, para as operações ocorridas até 31 de dezembro de 2013 (no caso de o contribuinte ter formulado a opção, na forma do art. 75 dessa mesma lei), ou até 31 de dezembro de 2014 (no caso dos não optantes), permanece o regime de neutralidade tributária estabelecido nos arts. 15 e 16 da Lei nº 11.941/2009. Assim, a obrigatoriedade ocorrerá, via de regra,

art. 2º da Lei nº 9.718/1998, é o faturamento mensal, o qual, pela determinação do art. 3º, *caput*, da Lei nº 9.718/1998, será correspondente à receita bruta auferida pela pessoa jurídica.[38]

Como visto no item "Discussão acerca do conceito de faturamento" (p. 39), tal previsão foi questionada judicialmente, sendo que, na Lei nº 9.718/1998, o conceito que remanesce é o de faturamento ou de receita bruta em sentido estrito.

Admite o § 2º[39] do art. 3º da Lei nº 9.718/1998 algumas exclusões da base de cálculo, tais como os valores correspondentes:

---

a partir de 2015, salvo no caso dos optantes, em que será já a partir de 2014. De toda sorte, em que pesem as alterações, a base de cálculo no regime cumulativo continuará sendo mais restrita que a base de cálculo no regime não cumulativo. Cabe destacar, outrossim, que o *caput* do art. 57 da Lei nº 12.973/2014, visando a dar tratamento tributário às operações de *leasing* não alcançadas pelo regramento da Lei nº 6.099/1974, assim dispõe: "Art. 57. No caso de operação de arrendamento mercantil não sujeita ao tratamento tributário previsto na Lei nº 6.099, de 12 de setembro de 1974, em que haja transferência substancial dos riscos e benefícios inerentes à propriedade do ativo, o valor da contraprestação deverá ser computado na base de cálculo da Contribuição para o PIS/Pasep e da Cofins pela pessoa jurídica arrendadora".

[38] O art. 52 da Lei nº 12.973/2014 *estabeleceu* que o conceito de faturamento, no regime cumulativo, *equivale* à receita bruta de que trata o art. 12 do Decreto-Lei nº 1.598, de 26 de dezembro de 1977.

[39] O art. 52 da Lei nº 12.973/2014 também alterou a redação do § 2º do art. 3º da Lei nº 9.718/1998, de forma que estarão excluídos do conceito de receita bruta para fins de determinação da base de cálculo do PIS e da Cofins: (2) as vendas canceladas e os descontos incondicionais concedidos; (2) as reversões de provisões e recuperações de créditos baixados como perda, que não representem ingresso de novas receitas, o resultado positivo da avaliação de investimento pelo valor do patrimônio líquido e os lucros e dividendos derivados de participações societárias, que tenham sido computados como receita bruta; (3) a receita decorrente da venda de bens classificados no ativo não circulante que tenha sido computada como receita bruta; e (4) a receita reconhecida pela construção, recuperação, ampliação ou melhoramento da infraestrutura, cuja contrapartida seja ativo intangível representativo de direito de exploração, no caso de contratos de concessão de serviços públicos. "Art. 3º. O faturamento a que se refere o art. 2º compreende a receita bruta de que trata o art. 12 do Decreto-Lei nº 1.598, de 26 de dezembro de 1977. [...] § 2º. [...] I - as vendas canceladas e os descontos incondicionais concedidos; II - as reversões de provisões e recuperações de créditos baixados como perda, que não representem ingresso de novas receitas, o resultado positivo da avaliação de investimento pelo valor do patrimônio líquido e os lucros e dividendos derivados de participações societárias, que tenham sido computados como receita bruta; [...] IV - a receita decorrente da venda de bens classificados no ativo não circulante que tenha sido computada como receita bruta; [...] VI - a receita reconhecida pela construção, recuperação, ampliação ou melhoramento da infraestrutura, cuja contrapartida

(1) às receitas isentas ou não alcançadas pela incidência da contribuição ou sujeitas à alíquota zero; (2) às vendas canceladas; (3) aos descontos incondicionais concedidos; (4) ao IPI; (5) ao ICMS, quando destacado em nota fiscal e cobrado pelo vendedor dos bens ou prestador dos serviços na condição de substituto tributário; (6) às reversões de provisões; (7) às recuperações de crédito baixados como perdas, que não representem ingresso de novas receitas; (8) aos resultados positivos da avaliação de investimentos pelo valor do patrimônio líquido; (9) aos lucros e dividendo derivados de investimentos avaliados pelo custo de aquisição que tenham sido computados como receita; (10) às receitas não operacionais, decorrentes da venda de bens do ativo permanente; e (11) às receitas decorrentes da transferência onerosa a outros contribuintes do ICMS de créditos de ICMS originados de operações de exportação, conforme o disposto no art. 25, § 1º, II, da Lei Complementar nº 87/1996.[40]

ALÍQUOTAS

As alíquotas aplicáveis no regime cumulativo atualmente são de: 0,65% em relação à contribuição para o PIS[41] e 3% em relação à Cofins.[42]

Na forma do art. 8º-A da Lei nº 9.718/1998 (incluído pela Lei nº 12.873, de 24 de outubro de 2013), fica elevada para 4%

---

seja ativo intangível representativo de direito de exploração, no caso de contratos de concessão de serviços públicos. [...] § 13. A contribuição incidente na hipótese de contratos, com prazo de execução superior a 1 (um) ano, de construção por empreitada ou de fornecimento, a preço predeterminado, de bens ou serviços a serem produzidos será calculada sobre a receita apurada de acordo com os critérios de reconhecimento adotados pela legislação do imposto sobre a renda, previstos para a espécie de operação".
[40] As exclusões mencionadas neste parágrafo são gerais, ou seja, aplicáveis a todos os contribuintes. Há previsões legais, contudo, específicas em relação a contribuintes determinados, como as expressas nos incisos do § 6º do art. 3º da Lei nº 9.718/1998.
[41] Art. 8º, I, da Lei nº 9.715/1998.
[42] Art. 8º, *caput*, da Lei nº 9.718/1998.

a alíquota da Cofins devida pelas pessoas jurídicas referidas no § 9º do art. 3º da Lei nº 9.718/1998, a saber, as operadoras de planos de assistência à saúde.

Determina o art. 8º-A que seja respeitada a norma de interpretação contida no § 9º-A[43] do art. 3º da Lei nº 9.718/1998 e que a majoração da alíquota produza efeitos a partir do primeiro dia do quarto mês subsequente ao da publicação da Lei nº 12.873, de 24 de outubro de 2013 (decorrente da conversão da Medida Provisória nº 619, de 6 de junho de 2013).

O art. 18 da Lei nº 10.684, de 30 de maio de 2003, desde 1º de setembro de 2003 majorou para 4% a alíquota da Cofins para as pessoas jurídicas mencionadas nos §§ 6º e 8º do art. 3º da Lei nº 9.718/1998, quais sejam: bancos comerciais, bancos de investimentos, bancos de desenvolvimento, caixas econômicas, sociedades de crédito, financiamento e investimento, sociedades de crédito imobiliário, sociedades corretoras, distribuidoras de títulos e valores mobiliários, empresas de arrendamento mercantil, cooperativas de crédito, empresas de seguros privados e de capitalização, agentes autônomos de seguros privados e de crédito, entidades de previdência privada abertas e fechadas, e pessoas jurídicas que tenham por objeto a securitização de créditos.

PIS sobre folha de salários

Embora o PIS-folha de salários possa ser enquadrado como um regime cumulativo, já que não se admite a apropriação, tam-

---

[43] Lei nº 9.718/1998: "Art. 3º. [...] § 9º-A. Para efeito de interpretação, o valor referente às indenizações correspondentes aos eventos ocorridos de que trata o inciso III do § 9º entende-se o total dos custos assistenciais decorrentes da utilização pelos beneficiários da cobertura oferecida pelos planos de saúde, incluindo-se neste total os custos de beneficiários da própria operadora e os beneficiários de outra operadora atendidos a título de transferência de responsabilidade assumida. (Incluído pela Lei nº 12.873/2013)"

pouco o desconto de créditos, em virtude de suas características peculiares, para fins de melhor sistematização do estudo, será tratado neste tópico em separado.

CONTRIBUINTES

Na forma do art. 13 da Medida Provisória nº 2.158-35, de 24 de agosto de 2001, o PIS-folha de salários será devido pelas seguintes entidades sem fins lucrativos:[44]

> Art. 13. A contribuição para o PIS/PASEP será determinada com base na folha de salários, à alíquota de um por cento, pelas seguintes entidades:
> I - templos de qualquer culto;
> II - partidos políticos;
> III - instituições de educação e de assistência social a que se refere o art. 12 da Lei nº 9.532, de 10 de dezembro de 1997;
> IV - instituições de caráter filantrópico, recreativo, cultural, científico e as associações, a que se refere o art. 15 da Lei nº 9.532, de 1997;
> V - sindicatos, federações e confederações;
> VI - serviços sociais autônomos, criados ou autorizados por lei;
> VII - conselhos de fiscalização de profissões regulamentadas;
> VIII - fundações de direito privado e fundações públicas instituídas ou mantidas pelo Poder Público;
> IX - condomínios de proprietários de imóveis residenciais ou comerciais; e
> X - a Organização das Cooperativas Brasileiras – OCB e as Organizações Estaduais de Cooperativas previstas no art. 105 e seu § 1º da Lei nº 5.764, de 16 de dezembro de 1971.

---

[44] Os contribuintes de PIS-folha de salários gozam de isenção em relação à Cofins, por força da previsão do art. 14, X, da Medida Provisória nº 2.158-35, de 24 de agosto de 2001, e não são contribuintes do PIS-faturamento.

Além disso, de acordo com a previsão do § 1º do art. 2º da Lei nº 9.715, de 25 de novembro de 1998, as sociedades cooperativas também contribuirão para o PIS sobre folha de salários.

BASE DE CÁLCULO

A base de cálculo será o total da folha de pagamento mensal do contribuinte, assim compreendida como o total dos rendimentos pagos, devidos ou creditados a empregados, englobando não apenas os salários, como também as gratificações, comissões, ajudas de custo, aviso prévio trabalhado, adicional de férias, adicional noturno, hora extra, décimo terceiro salário e repouso semanal remunerado.

Conforme previsão do art. 51 da Instrução Normativa SRF nº 247, de 21 de novembro de 2002, não integram a base de cálculo: o salário-família, o aviso prévio indenizado, o FGTS pago diretamente ao empregado quando da rescisão contratual e a indenização por dispensa, desde que dentro dos limites legais.

ALÍQUOTA

A alíquota será de 1% sobre a base de cálculo, de acordo com o art. 13 da Medida Provisória nº 2.158-35, de 24 de agosto de 2001.

Regime de incidência não cumulativo

A Lei nº 10.637, de 30 de dezembro de 2002, fruto da conversão da Medida Provisória nº 66, de 29 de agosto de 2002, e a Lei nº 10.833, de 29 de dezembro de 2003, introduziram no Sistema Tributário Nacional, entre outras disposições, a cobrança pela sistemática não cumulativa das contribuições sociais ao PIS e à Cofins.

O objetivo do governo federal foi dar prosseguimento à reestruturação da cobrança das contribuições sociais sobre o faturamento, já iniciada com a cobrança monofásica (ou concentrada) em alguns setores da economia.

Quando editadas, essas legislações estavam restritas a um sistema legal de compensação entre os créditos apropriados em razão de custos e despesas realizados pelo contribuinte. Isso porque não havia, tal como se dá em relação a outros tributos, a obrigação de respeito à não cumulatividade para o PIS e para a Cofins, que só foi introduzida no texto constitucional após a Emenda Constitucional nº 42/2003, que incluiu o § 12 ao art. 195 da CRFB/1988.

A intenção original do legislador foi desonerar a cadeia produtiva, de sorte a incentivar o desenvolvimento econômico brasileiro, o que na prática não pode ser visto facilmente, já que a legislação limitou a apropriação de créditos, sujeitando a base de cálculo a uma alíquota aproximadamente 154% superior à do regime cumulativo.

O regime tributário instituído pela não cumulatividade concede ao contribuinte créditos na proporção dos custos e despesas referentes, em regra, às contribuições sociais incidentes sobre o preço de aquisição de bens, mercadorias e serviços.[45] Diz-se

---

[45] O parágrafo único do art. 57 da Lei nº 12.973/2014 prevê a possibilidade de desconto de crédito no arrendamento mercantil, calculado sobre o valor do custo de aquisição ou construção dos bens arrendados proporcionalmente ao valor de cada contraprestação durante o período de vigência do contrato. "Art. 57. No caso de operação de arrendamento mercantil não sujeita ao tratamento tributário previsto na Lei nº 6.099, de 12 de setembro de 1974, em que haja transferência substancial dos riscos e benefícios inerentes à propriedade do ativo, o valor da contraprestação deverá ser computado na base de cálculo da Contribuição para o PIS/Pasep e da Cofins pela pessoa jurídica arrendadora. Parágrafo único. As pessoas jurídicas sujeitas ao regime de tributação de que tratam as Leis nºs 10.637, de 30 de dezembro de 2002, e 10.833, de 29 de dezembro de 2003, poderão descontar créditos calculados sobre o valor do custo de aquisição ou construção dos bens arrendados proporcionalmente ao valor de cada contraprestação durante o período de vigência do contrato."

"em regra" porque os créditos não estão vinculados obrigatoriamente à circunstância de ter havido incidência, cobrança ou pagamento[46] do tributo em momento anterior, embora o mais comum seja haver pagamento na operação anterior.

Com isso verifica-se que a não cumulatividade prevista para o PIS e para a Cofins difere daquela aplicável ao IPI e ao ICMS, já que não há necessária correspondência entre o crédito apurado e a dedução porventura calculada, incidente sobre a receita do vendedor ou do prestador de serviços, mas sim de um crédito calculado sobre os custos, encargos e despesas que tenham levado à geração da receita e futura incidência.

Conforme destacado pelo professor Pedro Anan Jr.,

> podemos observar que, ao contrário do que se pensa, o regime instituído pelas Leis n°s 10.637/2002 e 10.833/2003 não trata de não cumulatividade propriamente dita, pois, em vez de o contribuinte poder se recuperar/creditar do PIS/COFINS pago na cadeia anterior, em realidade ele se vale de autorizações concedidas pelo legislador do que é passível ou não de crédito, tratando-se, em realidade, mais como um crédito presumido do que uma não cumulatividade.[47]

Os créditos são deduzidos na apuração das contribuições sociais incidentes sobre as receitas tributadas (débitos), fazendo com que a carga tributária das contribuições sociais alcance (critério quantitativo), em regra, o valor agregado, ou margem de lucro, naquela etapa da cadeia produtiva.

---

[46] É imperioso registrar que a legislação do PIS e da Cofins concedem, em casos específicos, créditos presumidos. A título de ilustração, confira o art. 3º da Lei nº 10.147, de 21 de dezembro de 2001, que prevê a possibilidade de aproveitamento de crédito presumido pelas pessoas jurídicas que procedam à industrialização ou importação de determinados medicamentos sujeitos à prescrição médica e identificados por tarja preta ou vermelha.

[47] ANAN JR., Pedro. A questão do crédito de PIS e Cofins no regime da não cumulatividade. *Revista de Estudos Tributários*, Porto Alegre, n. 76, p. 38, 2010.

No entanto, a legislação vigente é imprecisa, e também é controversa, gerando dúvidas quanto à interpretação do direito aos referidos créditos, principalmente no que diz respeito ao conceito de "insumo", que pode variar dependendo da atividade econômica do contribuinte.

Como resultado, as empresas vêm buscando avaliar a forma mais adequada para classificar os custos e as despesas que sejam passíveis de crédito para fins de dedução da base de cálculo desses tributos, o que será visto mais detalhadamente no item "Base de cálculo" (p. 63).

Contribuintes

Sujeitam-se à sistemática não cumulativa de incidência do PIS e da Cofins as pessoas jurídicas de direito privado e as que lhe são equiparadas pela legislação do imposto de renda, que sejam tributadas com base no lucro real, bem como as entidades isentas em relação às receitas que não sejam decorrentes de suas atividades próprias.[48]

O art. 246 da parte 1 do livro 2 do Regulamento do Imposto de Renda (RIR/1999, instituído pelo Decreto nº 3.000, de 26 de março de 1999), baseando-se no disposto no art. 14 da Lei nº 9.718/1998, prevê as pessoas jurídicas obrigadas à apuração do lucro real. São elas:

> Art. 14. Estão obrigadas à apuração do lucro real as pessoas jurídicas:
> I - cuja receita total no ano-calendário anterior seja superior ao limite de R$ 78.000.000,00 (setenta e oito milhões de reais) ou proporcional ao número de meses do período, quando inferior

---

[48] Vide art. 3º da Instrução Normativa SRF nº 247/2002.

a 12 (doze) meses; (Redação dada pela Lei nº 12.814, de 16 de maio de 2013) [Vide parágrafo único do art. 9º da Lei nº 12.814/2013][49]

II - cujas atividades sejam de bancos comerciais, bancos de investimentos, bancos de desenvolvimento, caixas econômicas, sociedades de crédito, financiamento e investimento, sociedades de crédito imobiliário, sociedades corretoras de títulos, valores mobiliários e câmbio, distribuidoras de títulos e valores mobiliários, empresas de arrendamento mercantil, cooperativas de crédito, empresas de seguros privados e de capitalização e entidades de previdência privada aberta;

III - que tiverem lucros, rendimentos ou ganhos de capital oriundos do exterior;

IV - que, autorizadas pela legislação tributária, usufruam de benefícios fiscais relativos à isenção ou redução do imposto;

V - que, no decorrer do ano-calendário, tenham efetuado pagamento mensal pelo regime de estimativa, na forma do art. 2º da Lei nº 9.430, de 1996;

VI - que explorem as atividades de prestação cumulativa e contínua de serviços de assessoria creditícia, mercadológica, gestão de crédito, seleção e riscos, administração de contas a pagar e a receber, compras de direitos creditórios resultantes de vendas mercantis a prazo ou de prestação de serviços (*factoring*).

VII - que explorem as atividades de securitização de créditos imobiliários, financeiros e do agronegócio. (Incluído pela Lei

---

[49] Lei nº 12.814/2013: "Art. 9º . Parágrafo único. O disposto no *caput* do art. 13 e no inciso I do art. 14 da Lei nº 9.718, de 27 de novembro de 1998, na redação dada pelo art. 7º desta Lei, passa a vigorar a partir de 1º de janeiro do ano seguinte ao da publicação desta Lei". Lei nº 9.718/1998: "Art. 13. A pessoa jurídica cuja receita bruta total no ano-calendário anterior tenha sido igual ou inferior a R$ 78.000.000,00 (setenta e oito milhões de reais) ou a R$ 6.500.000,00 (seis milhões e quinhentos mil reais) multiplicado pelo número de meses de atividade do ano-calendário anterior, quando inferior a 12 (doze) meses, poderá optar pelo regime de tributação com base no lucro presumido. [...] Art. 14. Estão obrigadas à apuração do lucro real as pessoas jurídicas: I - cuja receita total no ano-calendário anterior seja superior ao limite de R$ 78.000.000,00 (setenta e oito milhões de reais) ou proporcional ao número de meses do período, quando inferior a 12 (doze) meses".

nº 12.249, de 11 de junho de 2010) (Vide Lei nº 12.249/2010, art. 139, inc. I, "d")

Também estão obrigadas ao lucro real as sociedades empresárias que exerçam atividades de compra e venda, loteamento, incorporação e construção de imóveis, enquanto não concluídas as operações imobiliárias para as quais haja registro de custo orçado, de acordo com o que dispõe a regulamentação da Instrução Normativa SRF nº 25, de 25 de fevereiro de 1999.

As sociedades de propósito específico (SPEs) deverão apurar o imposto de renda das pessoas jurídicas com base no lucro real, em conformidade com o art. 56, § 2º, IV, da Lei Complementar nº 123/2006.

Por força do art. 8º da Lei nº 10.637/2002 e do art. 10 da Lei nº 10.833/2003, não se sujeitam ao regime de incidência não cumulativo do PIS: (1) as instituições financeiras, as empresas de securitização de créditos, as operadoras de plano de saúde e as demais pessoas jurídicas referidas nos §§ 6º, 8º e 9º do art. 3º da Lei nº 9.718/1998; (2) as pessoas jurídicas tributadas pelo imposto de renda com base no lucro presumido ou arbitrado; (3) as pessoas jurídicas optantes pelo Simples; (4) as pessoas jurídicas imunes a impostos; (5) os órgãos públicos, as autarquias e fundações públicas, e as fundações cuja criação tenha sido autorizada por lei, referidas no art. 61 do ADCT; (6) as sociedades cooperativas.

BASE DE CÁLCULO[50]

A base de cálculo da contribuição ao PIS e da Cofins no regime não cumulativo é o faturamento mensal da pessoa jurídica, assim entendido como o total das receitas auferidas, inde-

---

[50] O *caput* do art. 57 da Lei nº 12.973/2014, visando a dar tratamento tributário às operações de *leasing* não alcançadas pelo regramento da Lei nº 6.099/1974, assim dispõe: "Art. 57. No caso de operação de arrendamento mercantil não sujeita ao tratamento

pendentemente de sua denominação ou classificação contábil, na forma do art. 1º, §§ 1º e 2º, da Lei nº 10.637/2002[51] e do art. 1º, §§ 1º e 2º, da Lei nº 10.833/2003.[52]

Essas leis não alteraram a lógica prevista pela Lei nº 9.718/1998, no sentido de que o faturamento abrangeria todas as receitas auferidas pela pessoa jurídica e não apenas a decorrente da venda de bens e prestação de serviços.

No entanto, parcela da doutrina[53] continua a defender ser possível o mesmo questionamento na hipótese do atual regime de incidência não cumulativo, ao passo que, embora não

---

tributário previsto na Lei nº 6.099, de 12 de setembro de 1974, em que haja transferência substancial dos riscos e benefícios inerentes à propriedade do ativo, o valor da contraprestação deverá ser computado na base de cálculo da Contribuição para o PIS/Pasep e da Cofins pela pessoa jurídica arrendadora".

[51] Esses parágrafos sofreram alterações com a edição da Lei nº 12.973/2014 (cujo regramento, como já exposto, é válido a partir de 2014 para os optantes, na forma de seu art. 75, e a partir de 2015 para os não optantes) que dispõe da seguinte maneira em seu art. 54: "A Lei nº 10.637, de 30 de dezembro de 2002, passa a vigorar com as seguintes alterações: Art. 1º. A Contribuição para o PIS/Pasep, com a incidência não cumulativa, incide sobre o total das receitas auferidas no mês pela pessoa jurídica, independentemente de sua denominação ou classificação contábil. § 1º. Para efeito do disposto neste artigo, o total das receitas compreende a receita bruta de que trata o art. 12 do Decreto-Lei nº 1.598, de 26 de dezembro de 1977, e todas as demais receitas auferidas pela pessoa jurídica com os respectivos valores decorrentes do ajuste a valor presente de que trata o inciso VIII do *caput* do art. 183 da Lei nº 6.404, de 15 de dezembro de 1976. § 2º. A base de cálculo da Contribuição para o PIS/Pasep é o total das receitas auferidas pela pessoa jurídica, conforme definido no *caput* e no § 1º".

[52] Esses parágrafos sofreram alterações com a edição da Lei nº 12.973, de 2014 (cujo regramento, como já exposto, será válido a partir de 2014 para os optantes, na forma de seu art. 75, e a partir de 2015 para os não optantes), que dispõe da seguinte maneira em seu art. 55: "A Lei nº 10.833, de 29 de dezembro de 2003, passa a vigorar com as seguintes alterações: Art. 1º. A Contribuição para o Financiamento da Seguridade Social — Cofins, com a incidência não cumulativa, incide sobre o total das receitas auferidas no mês pela pessoa jurídica, independentemente de sua denominação ou classificação contábil. § 1º. Para efeito do disposto neste artigo, o total das receitas compreende a receita bruta de que trata o art. 12 do Decreto-Lei nº 1.598, de 26 de dezembro de 1977, e todas as demais receitas auferidas pela pessoa jurídica com os seus respectivos valores decorrentes do ajuste a valor presente de que trata o inciso VIII do *caput* do art. 183 da Lei nº 6.404, de 15 de dezembro de 1976. § 2º. A base de cálculo da Cofins é o total das receitas auferidas pela pessoa jurídica, conforme definido no *caput* e no § 1º".

[53] O professor Pedro Anan Jr., ao discorrer sobre as alterações na cobrança do PIS/Pasep e da Cofins não cumulativos, expõe seu entendimento de que "as bases de cálculo do PIS/

carecendo mais de embasamento constitucional, extrapolaria a definição legal de faturamento, inclusive a prevista na legislação do imposto de renda (art. 31 da Lei nº 8.981/1995). A legislação autoriza que sejam feitas exclusões e deduções para apuração da base de cálculo, na forma do art. 1º, § 3º,[54] da Lei nº 10.637/2002, do art. 1º, § 3º,[55] da Lei nº 10.833/2003 e do art. 24 da Instrução Normativa SRF nº 247/2002.

Pasep e da Cofins não sofreram alterações em relação ao previsto na Lei nº 9.718/1998. Estas continuam sendo o faturamento mensal da pessoa jurídica, assim entendido como o total das receitas, independentemente de sua denominação ou classificação contábil. O que entendemos é passível de questionamento, tendo em vista que a discussão relativa à Lei nº 9.718/1998 é a mesma ser aplicada ao presente caso" (ANAN JR., Pedro. "A questão do crédito de PIS e Cofins no regime da não cumulatividade", 2010, op. cit., p. 35).

[54] O art. 54 da Lei nº 12.973/2014 também alterou a redação do § 3º do art. 1º da Lei nº 10.637/2002, expressamente excluindo da base de cálculo da contribuição as receitas: (1) decorrentes de saídas isentas da contribuição ou sujeitas à alíquota zero; (2) auferidas pela pessoa jurídica revendedora, na revenda de mercadorias em relação às quais a contribuição seja exigida da empresa vendedora, na condição de substituta tributária; (3) as referentes a vendas canceladas e aos descontos incondicionais concedidos, e a reversões de provisões e recuperações de créditos baixados como perda, que não representem ingresso de novas receitas, o resultado positivo da avaliação de investimentos pelo valor do patrimônio líquido e os lucros e dividendos derivados de participações societárias, que tenham sido computados como receita; (4) as decorrentes da venda de bens do ativo não circulante, classificado como investimento, imobilizado ou intangível; (5) as financeiras decorrentes do ajuste a valor presente de que trata o inciso VIII do *caput* do art. 183 da Lei nº 6.404, de 15 de dezembro de 1976, referentes a receitas excluídas da base de cálculo da contribuição para o PIS/Pasep; (6) as relativas aos ganhos decorrentes de avaliação de ativo e passivo com base no valor justo; (7) as de subvenções para investimento, inclusive mediante isenção ou redução de impostos, concedidas como estímulo à implantação ou expansão de empreendimentos econômicos e de doações feitas pelo poder público; (8) as reconhecidas pela construção, recuperação, reforma, ampliação ou melhoramento da infraestrutura, cuja contrapartida seja ativo intangível representativo de direito de exploração, no caso de contratos de concessão de serviços públicos; (9) as relativas ao valor do imposto que deixar de ser pago em virtude das isenções e reduções de que tratam as alíneas "a", "b", "c" e "e" do § 1º do art. 19 do Decreto-Lei nº 1.598, de 26 de dezembro de 1977; (10) as relativas ao prêmio na emissão de debêntures.

[55] O art. 55 da Lei nº 12.973/2014 também alterou a redação do § 3º do art. 1º da Lei nº 10.833/2003, expressamente excluindo da base de cálculo da contribuição as receitas: (1) isentas ou não alcançadas pela incidência da contribuição ou sujeitas à alíquota zero; (2) as decorrentes da venda de bens do ativo não circulante, classificado como investimento, imobilizado ou intangível; (3) auferidas pela pessoa jurídica revendedora,

Assim, serão excluídas do faturamento, quando o tenham integrado, as quantias referentes: (1) às receitas isentas ou não alcançadas pela incidência da contribuição ou sujeitas à alíquota zero; (2) às vendas canceladas; (3) aos descontos incondicionais concedidos; (4) ao IPI; (5) ao ICMS, quando destacado em nota fiscal e cobrado pelo vendedor dos bens ou prestador dos serviços na condição de substituto tributário; (6) às reversões de provisões e das recuperações de créditos baixados como perdas, que não representem ingresso de novas receitas; (7) aos resultados positivos da avaliação de investimentos pelo patrimônio líquido; (8) aos lucros e dividendos derivados de investimentos avaliados pelo custo de aquisição, que tenham sido computados como receita; (9) às receitas não operacionais, decorrentes da venda de bens do ativo permanente; (10) às receitas de revenda de bens em que a contribuição já foi recolhida pelo substituto tributário.

---

na revenda de mercadorias em relação às quais a contribuição seja exigida da empresa vendedora, na condição de substituta tributária; (4) as referentes a vendas canceladas e aos descontos incondicionais concedidos, e a reversões de provisões e recuperações de créditos baixados como perda que não representem ingresso de novas receitas, o resultado positivo da avaliação de investimentos pelo valor do patrimônio líquido e os lucros e dividendos derivados de participações societárias, que tenham sido computados como receita; (5) as decorrentes de transferência onerosa a outros contribuintes do ICMS de créditos de ICMS originados de operações de exportação, conforme o disposto no inciso II do § 1º do art. 25 da Lei Complementar nº 87, de 13 de setembro de 1996; (6) financeiras decorrentes do ajuste a valor presente de que trata o inciso VIII do *caput* do art. 183 da Lei nº 6.404, de 15 de dezembro de 1976, referentes a receitas excluídas da base de cálculo da Cofins; (7) as relativas aos ganhos decorrentes de avaliação do ativo e passivo com base no valor justo; (8) as subvenções para investimento, inclusive mediante isenção ou redução de impostos, concedidas como estímulo à implantação ou expansão de empreendimentos econômicos e de doações feitas pelo poder público; (9) as reconhecidas pela construção, recuperação, reforma, ampliação ou melhoramento da infraestrutura, cuja contrapartida seja ativo intangível representativo de direito de exploração, no caso de contratos de concessão de serviços públicos; (10) as relativas ao valor do imposto que deixar de ser pago em virtude das isenções e reduções de que tratam as alíneas "a", "b", "c" e "e" do § 1º do art. 19 do Decreto-Lei nº 1.598, de 26 de dezembro de 1977; e (11) as relativas ao prêmio na emissão de debêntures.

Receitas excluídas do regime de incidência não cumulativo

As receitas excluídas do regime de incidência não cumulativo, na forma da legislação específica,[56] são as decorrentes: (1) da prestação de serviços de telecomunicações; (2) da venda de jornais e periódico e de prestação de serviços das empresas jornalísticas e de radiodifusão sonora e de sons e imagens; (3) da prestação de serviços de transporte coletivo rodoviário, metroviário, ferroviário e aquaviário de passageiros; (4) de serviços prestados por hospital, pronto-socorro, clínica médica, odontológica, de fisioterapia e de fonoaudiologia, e laboratório de anatomia patológica, citológica ou de análises clínicas; e de serviços de diálise, raios X, radiodiagnóstico e radioterapia, quimioterapia e de banco de sangue; (5) de venda de mercadorias realizadas pelas lojas francas de portos e aeroportos (*free shops*); (6) da prestação de serviço de transporte coletivo de passageiros, efetuado por empresas regulares de linhas aéreas domésticas, e as decorrentes da prestação

---

[56] Vide art. 8º da Lei nº 10.637/2002 e art. 10 da Lei nº 10.833/2003, observado o disposto no art. 1º desta última: "§ 3º. Não integram a base de cálculo a que se refere este artigo as receitas: [...] II - de que trata o inciso IV do *caput* do art. 187 da Lei nº 6.404, de 15 de dezembro de 1976, decorrentes da venda de bens do ativo não circulante, classificado como investimento, imobilizado ou intangível; V - [...] b) reversões de provisões e recuperações de créditos baixados como perda, que não representem ingresso de novas receitas, o resultado positivo da avaliação de investimentos pelo valor do patrimônio líquido e os lucros e dividendos derivados de participações societárias, que tenham sido computados como receita; VII - financeiras decorrentes do ajuste a valor presente de que trata o inciso VIII do *caput* do art. 183 da Lei nº 6.404, de 15 de dezembro de 1976, referentes a receitas excluídas da base de cálculo da Contribuição para o PIS/Pasep; VIII - relativas aos ganhos decorrentes de avaliação de ativo e passivo com base no valor justo; IX - de subvenções para investimento, inclusive mediante isenção ou redução de impostos, concedidas como estímulo à implantação ou expansão de empreendimentos econômicos e de doações feitas pelo poder público; X - reconhecidas pela construção, recuperação, reforma, ampliação ou melhoramento da infraestrutura, cuja contrapartida seja ativo intangível representativo de direito de exploração, no caso de contratos de concessão de serviços públicos; XI - relativas ao valor do imposto que deixar de ser pago em virtude das isenções e reduções de que tratam as alíneas 'a', 'b', 'c' e 'e' do § 1º do art. 19 do Decreto-Lei nº 1.598, de 26 de dezembro de 1977; e XII - relativas ao prêmio na emissão de debêntures".

de serviço de transporte de pessoas por empresas de táxi aéreo; (7) da edição de periódicos e de informações neles contidas, que sejam relativas aos assinantes dos serviços públicos de telefonia, quando auferidas por pessoa jurídica; (8) da prestação de serviços com aeronave de uso agrícola inscritas no Registro Aeronáutico Brasileiro (RAB); (9) da prestação de serviços das empresas de *call center*, *telemarketing*, telecobrança e de teleatendimento em geral; (10) da execução por administração, empreitada ou subempreitada, de obras de construção civil, até 31 de dezembro de 2015; (11) as auferidas por parques temáticos e as decorrentes de serviços de hotelaria e de organização de feiras e eventos;[57] (12) da prestação de serviços de educação infantil, ensinos fundamental e médio e educação superior; (13) da venda de álcool para fins carburantes; (14) das operações sujeitas à substituição tributária; (15) da venda de veículos usados de que trata o art. 5º da Lei nº 9.716/1998; (16) das operações de compra e venda de energia elétrica, no âmbito do mercado atacadista de energia elétrica (MAE), pelas pessoas jurídicas submetidas ao regime especial de que trata o art. 47 da Lei nº 10.637/2002; (17) da prestação de serviços postais e telegráficos pela Empresa Brasileira de Correios e Telégrafos (ECT); (18) da prestação de serviços públicos pelas concessionárias operadoras de rodovias; (19) da prestação de serviços pelas agências de viagem e de turismo; e (20) das atividades de desenvolvimento de *software* e seu licenciamento ou cessão de direito de uso, bem como de análise, programação, instalação, configuração, assessoria, consultoria, suporte técnico e manutenção ou atualização de *software*, compreendidas ainda como *softwares* as páginas eletrônicas, auferidas por empresas de serviços de informática.[58]

---

[57] Vide Portaria Interministerial nº 33/2005, dos ministérios da Fazenda e do Turismo.
[58] É importante destacar que não estarão excluídas do regime não cumulativo as receitas decorrentes da comercialização, licenciamento ou cessão de direito de uso de *software* importado.

Não se sujeitam também ao regime de incidência não cumulativo as *receitas decorrentes de contratos firmados, antes de 31 de outubro de 2003*, com as seguintes características: (1) com prazo superior a um ano, de administradoras de planos de consórcios de bens móveis e imóveis, regularmente autorizadas a funcionar pelo Banco Central; (2) com prazo superior a um ano, de construção por empreitada ou de fornecimento, a preço predeterminado, de bens ou serviços; (3) de construção por empreitada ou de fornecimento, a preço predeterminado, de bens ou serviços contratados com pessoa jurídica de direito público, empresa pública, sociedade de economia mista ou suas subsidiárias, bem como os contratos posteriormente firmados decorrentes de propostas apresentadas, em processo licitatório, até aquela data; e (4) de revenda de imóveis, desmembramento ou loteamento de terrenos, incorporação imobiliária e construção de prédio destinado à venda, quando decorrente de contratos de longo prazo.[59]

Faturamento misto

É importante destacar que, ainda que o contribuinte esteja sujeito ao regime de incidência não cumulativa, deverá excluir da base de cálculo dessa sistemática de apuração as receitas indicadas no art. 10 da Lei nº 10.833/2003 (Cofins) e no art. 8º da Lei nº 10.637/2002 (PIS), que permanecem sujeitas à sistemática cumulativa.

Isso importa dizer que os custos, despesas e encargos vinculados a essas receitas não geram direito ao crédito para utilização no regime não cumulativo. Assim, na forma quer do art. 3º, § 7º,

---

[59] Vide Instrução Normativa SRF nº 468/2004 para os conceitos de contrato com prazo superior a um ano e preço predeterminado.

da Lei nº 10.833/2003 (Cofins), quer do art. 3º, § 7º, da Lei nº 10.637/2002 (PIS), os créditos deverão ser apurados exclusivamente quanto aos custos, despesas e encargos vinculados a receitas sujeitas ao regime não cumulativo, como mecanismo de evitar que créditos a mais sejam gerados, permitindo uma futura compensação.

Como bens, mercadorias e serviços adquiridos na consecução da atividade-fim do sujeito passivo podem ser comuns à geração de receitas cumulativas e não cumulativas, devem estes ser diretamente apropriados ou proporcionalizados conforme sua vinculação às receitas sujeitas ao regime não cumulativo (na forma do art. 3º, § 8º, da Lei nº 10.637/2002 e do art. 3º, § 8º, da Lei nº 10.833/2003).

Receitas financeiras

Regulamentando o § 2º do art. 27 da Lei nº 10.865/2004,[60] o Decreto nº 5.164, de 30 de julho de 2004 (com efeitos a partir de 2 de agosto de 2004), reduziu a zero as alíquotas do PIS e da Cofins incidentes sobre as receitas financeiras auferidas pelas pessoas jurídicas sujeitas ao regime de incidência não cumulativo.[61]

No entanto, a desoneração não se aplicava às receitas financeiras oriundas de juros sobre capital próprio (JCP) e as decorrentes de operações de *hedge*. Somente a partir de 1º de abril de 2005, com o advento do Decreto nº 5.442, de 9 de maio

---

[60] O art. 53 da Lei nº 12.973/2014 alterou a redação do § 3º do art. 27 da Lei nº 10.865/2004, incluído pela Medida Provisória nº 627/2013, estabelecendo: "§ 3º. O disposto no § 2º não se aplica aos valores decorrentes do ajuste a valor presente de que trata o inciso VIII do *caput* do art. 183 da Lei nº 6.404, de 15 de dezembro de 1976".
[61] Essa sistemática será aplicada, ainda que a pessoa jurídica contribuinte tenha apenas parte de suas receitas submetidas ao regime de incidência não cumulativa, recolhendo o restante sob o regime cumulativo.

de 2005, foram reduzidas a zero as alíquotas do PIS e da Cofins incidentes sobre as receitas financeiras, inclusive as decorrentes de operações de *hedge*.

Portanto, permanece a incidência do PIS e da Cofins em relação aos juros sobre capital próprio, o que é objeto de questionamento por parcela da doutrina, entre eles o professor Pedro Anan Jr., que considera "que elas não são passíveis de discriminação",[62] tendo em vista sua natureza jurídica de dividendos ou lucros.

No tocante à geração de créditos pelas despesas financeiras, é importante pontuar que a Lei nº 10.865/2004 retirou o direito ao crédito sobre essas despesas, a partir de 1º de agosto de 2004. *A contrario sensu*, pode-se inferir que as despesas financeiras dão direito ao crédito para os contribuintes sujeitos ao regime de incidência não cumulativo, desde que efetuadas até 31 de julho de 2004.

Desse modo, as despesas com o pagamento de JCP, ainda que com a controvérsia delineada acima, deverão gerar direito ao crédito nas condições expostas, com base até mesmo no art. 30 da Instrução Normativa SRF nº 11/1996, que determinava que tais pagamentos deveriam ser lançados contabilmente como despesas financeiras, o que é acolhido pela jurisprudência administrativa do Conselho de Contribuintes do Ministério da Fazenda, atual Carf.[63]

Já no que tange ao regime cumulativo, a inclusão das receitas financeiras no campo de incidência tributária tem sido questionada judicialmente pelos contribuintes. Isso porque, quando da análise da definição de faturamento (vide item "Dis-

---

[62] ANAN JR., Pedro. "A questão do crédito de PIS e Cofins no regime da não cumulatividade", 2010, op. cit., p. 36.
[63] Vide Acórdão nº 204-00.858, do Segundo Conselho de Contribuintes do Ministério da Fazenda, de relatoria de Júlio César Alves Ramos, sessão de 6 de dezembro de 2005.

cussão acerca do conceito de faturamento", p. 39), o STF fixou orientação de que o PIS e a Cofins somente poderiam incidir, nos termos da legislação referente ao regime cumulativo (que era a única existente à época), sobre as receitas decorrentes da venda de mercadorias e da prestação de serviços, conforme conceito de faturamento estabelecido pelo direito comercial.

Nesse contexto, sobreveio a Nota Técnica Cosit nº 21, de 28 de agosto de 2006, a qual caracteriza as principais atividades das instituições financeiras e seguradoras como serviços financeiros, passíveis, portanto, de inclusão na definição de faturamento delineada pelo STF.

Essa determinação do fisco foi levada ao Judiciário pelos contribuintes, tendo o STF reconhecido a repercussão geral da matéria: (1) em relação às seguradoras, nos autos do RE nº 400.479/RJ, de relatoria do ministro Cezar Peluso; (2) em relação ao PIS incidente sobre as receitas da locação de imóveis próprios, nos autos do RE nº 599.658/SP, de relatoria do ministro Luiz Fux; e (3) em relação às instituições financeiras, nos autos do RE nº 609.096/RS, de relatoria do ministro Ricardo Lewandowski – todos sem julgamento ainda definitivo de mérito, até a data de conclusão deste material.

Dos créditos a deduzir na base de cálculo[64]

Como já apresentado, o contribuinte sujeito ao regime de incidência não cumulativo poderá descontar créditos sobre o

---

[64] O parágrafo único do art. 57 da Lei nº 12.973/2014 dispõe da seguinte forma sobre o creditamento no regime de incidência não cumulativo: "Parágrafo único. As pessoas jurídicas sujeitas ao regime de tributação de que tratam as leis nºs 10.637, de 30 de dezembro de 2002, e 10.833, de 29 de dezembro de 2003, poderão descontar créditos calculados sobre o valor do custo de aquisição ou construção dos bens arrendados proporcionalmente ao valor de cada contraprestação durante o período de vigência do contrato".

valor da base de cálculo apurada, calculados mediante a aplicação, via de regra,[65] do mesmo percentual de 1,65% (PIS) e 7,6% (Cofins) sobre custos e despesas mencionados pelo art. 3º da Lei nº 10.637/2002 (PIS)[66] e pelo art. 3º[67] da Lei nº 10.833/2003 (Cofins), a saber:

---

[65] Há regimes especiais que possuem previsão de percentual diferenciado a ser aplicado na geração dos créditos conforme será visto em tópico oportuno ("Situações particulares", p. 105).

[66] O art. 54 da Lei nº 12.973/2014 alterou a redação do inciso XI do art. 3º da Lei nº 10.637/2002 e do inciso III do § 1º desse mesmo artigo, acrescentando nele também os §§ 17 a 22, conforme descrito a seguir: "Art. 3º. [...] XI - bens incorporados ao ativo intangível, adquiridos para utilização na produção de bens destinados a venda ou na prestação de serviços. [...] § 1º. [...] III - dos encargos de depreciação e amortização dos bens mencionados nos incisos VI, VII e XI do *caput*, incorridos no mês; [...] § 17. No cálculo do crédito de que tratam os incisos do *caput*, poderão ser considerados os valores decorrentes do ajuste a valor presente de que trata o inciso III do *caput* do art. 184 da Lei nº 6.404, de 15 de dezembro de 1976. § 18. O disposto nos incisos VI e VII do *caput* não se aplica no caso de bem objeto de arrendamento mercantil, na pessoa jurídica arrendatária. § 19. Para fins do disposto nos incisos VI e VII do *caput*, fica vedado o desconto de quaisquer créditos calculados em relação a: I - encargos associados a empréstimos registrados como custo na forma da alínea 'b' do § 1º do art. 17 do Decreto-Lei nº 1.598, de 26 de dezembro de 1977; e II - custos estimados de desmontagem e remoção do imobilizado e de restauração do local em que estiver situado. § 20. No cálculo dos créditos a que se referem os incisos VI e VII do *caput*, não serão computados os ganhos e perdas decorrentes de avaliação de ativo com base no valor justo. § 21. Na execução de contratos de concessão de serviços públicos, os créditos gerados pelos serviços de construção, recuperação, reforma, ampliação ou melhoramento de infraestrutura, quando a receita correspondente tiver contrapartida em ativo intangível, representativo de direito de exploração, ou em ativo financeiro, somente poderão ser aproveitados, no caso do ativo intangível, à medida que este for amortizado e, no caso do ativo financeiro, na proporção de seu recebimento, excetuado, para ambos os casos, o crédito previsto no inciso VI do *caput*. § 22. O disposto no inciso XI do *caput* não se aplica ao ativo intangível referido no § 21".

[67] O art. 55 da Lei nº 12.973/2014 alterou a redação do inciso XI do art. 3º da Lei nº 10.8733/2003 e do inciso III do § 1º desse mesmo artigo, acrescentando nele também os §§ 25 a 30, conforme descrito a seguir: "Art. 3º. [...] XI - bens incorporados ao ativo intangível, adquiridos para utilização na produção de bens destinados a venda ou a prestação de serviços. § 1º. [...] III - dos encargos de depreciação e amortização dos bens mencionados nos incisos VI, VII e XI do *caput*, incorridos no mês; [...] § 25. No cálculo do crédito de que tratam os incisos do *caput*, poderão ser considerados os valores decorrentes do ajuste a valor presente de que trata o inciso III do *caput* do art.

1) aquisições de bens para revenda efetuadas no mês, exceto em relação às mercadorias e aos produtos sujeitos à substituição tributária, combustíveis, lubrificantes, medicamentos, produtos de perfumaria, de higiene pessoal, veículos e quaisquer outros sujeitos a incidência monofásica (concentrada) da contribuição;
2) aquisições, efetuadas no mês, de bens e serviços utilizados como insumos na prestação de serviços e na produção ou fabricação de bens ou produtos destinados à venda, inclusive combustíveis e lubrificantes, exceto em relação ao pagamento de que trata o art. 2º da Lei nº 10.845/2002, devido pelo fabricante ou importador, ao concessionário, pela intermediação ou entrega de veículos classificados nas posições 87.03 e 87.04 da Tipi;
3) dos bens recebidos em devolução no mês, cuja receita de venda tenha integrado o faturamento do mês ou de mês anterior e sido tributada conforme o disposto na legislação que regulamenta a incidência não cumulativa;
4) das despesas e custos incorridos no mês referentes a:

---

184 da Lei nº 6.404, de 15 de dezembro de 1976. § 26. O disposto nos incisos VI e VII do *caput* não se aplica no caso de bem objeto de arrendamento mercantil, na pessoa jurídica arrendatária. § 27. Para fins do disposto nos incisos VI e VII do *caput*, fica vedado o desconto de quaisquer créditos calculados em relação a: I - encargos associados a empréstimos registrados como custo na forma da alínea 'b' do § 1º do art. 17 do Decreto-Lei nº 1.598, de 26 de dezembro de 1977; e II - custos estimados de desmontagem e remoção do imobilizado e de restauração do local em que estiver situado. § 28. No cálculo dos créditos a que se referem os incisos VI e VII do *caput*, não serão computados os ganhos e perdas decorrentes de avaliação de ativo com base no valor justo. § 29. Na execução de contratos de concessão de serviços públicos, os créditos gerados pelos serviços de construção, recuperação, reforma, ampliação ou melhoramento de infraestrutura, quando a receita correspondente tiver contrapartida em ativo intangível, representativo de direito de exploração, ou em ativo financeiro, somente poderão ser aproveitados, no caso do ativo intangível, à medida que este for amortizado e, no caso do ativo financeiro, na proporção de seu recebimento, excetuado, para ambos os casos, o crédito previsto no inciso VI do *caput*. § 30. O disposto no inciso XI do *caput* não se aplica ao ativo intangível referido no § 29".

a) energia elétrica e energia térmica, inclusive sob a forma de vapor, consumidas nos estabelecimentos da pessoa jurídica;
b) aluguéis de prédios, máquinas e equipamentos,[68] pagos a pessoa jurídica, desde que utilizados nas atividades da empresa;
c) contraprestação de operações de arrendamento mercantil pagas a pessoa jurídica,[69] exceto quando esta for optante pelo Simples;[70]
d) armazenagem de mercadoria e frete na operação de venda, nos casos de bens adquiridos para revenda ou utilizados como insumos, quando o ônus for suportado pelo vendedor;
e) vale-transporte, vale-refeição ou vale-alimentação, fardamento ou uniforme fornecidos aos empregados por pessoa jurídica que explore as atividades de prestação de serviços de limpeza, conservação e manutenção.

5) dos encargos de depreciação e amortização, incorridos no mês, relativos a máquinas, equipamentos e outros bens incorporados ao ativo imobilizado, adquiridos a partir de maio de 2004 para utilização na produção de bens destinados à venda ou à prestação de serviços;

6) dos encargos de depreciação e amortização, incorridos no mês, relativos a edificações e benfeitorias em imóveis próprios ou de terceiros, adquiridas ou realizadas a partir de maio

---

[68] É vedado o crédito relativo ao aluguel de bens que já tenham integrado o patrimônio da pessoa jurídica, conforme art. 31, § 3º, da Lei nº 10.865/2004.
[69] É vedado o crédito relativo à contraprestação de arrendamento mercantil de bens que já tenham integrado o patrimônio da pessoa jurídica, na forma do art. 31, § 3º, da Lei nº 10.865/2004.
[70] Sistema Integrado de Pagamento de Impostos e Contribuições das Microempresas e Empresas de Pequeno Porte.

de 2004, utilizados nas atividades da empresa, desde que o custo, inclusive de mão de obra, tenha sido suportado pela locatária

Torna-se importante mencionar que os créditos apurados não constituem receita bruta da pessoa jurídica, servindo somente para apuração do valor do tributo devido. O crédito, se não aproveitado em determinado mês, poderá ser utilizado nos meses subsequentes, não gerando direito à compensação ou restituição, salvo expressa disposição legal, como será visto um exemplo no item "Créditos na exportação" (p. 87).

Será considerada para fins de desconto do crédito, a versão de bens e direitos decorrente de fusão, incorporação e cisão de pessoa jurídica domiciliada no país, desde que seja admitido o desconto de créditos pela pessoa jurídica fusionada, incorporada ou cindida.

Limitações ao crédito

Somente geram crédito: (1) os bens e serviços adquiridos[71] de pessoa jurídica domiciliada no país;[72] (2) os custos e despesas incorridos, pagos ou creditados, a pessoa jurídica domiciliada no país;[73] (3) os encargos de depreciação e amortização de bens adquiridos de pessoa jurídica domiciliada no país;[74] e, excepcio-

---

[71] A aquisição para geração de crédito somente será considerada se posterior a 1º de dezembro de 2002 para o PIS e 1º de fevereiro de 2004 para a Cofins.
[72] A partir de 1º de maio de 2004, os serviços e bens importados passaram a gerar crédito ao contribuinte, na forma da Lei nº 10.865/2004.
[73] Desde que a partir das mesmas datas aplicáveis à geração de crédito na aquisição (vide nota de rodapé 50).
[74] De acordo com o Ato Declaratório Interpretativo RFB nº 35, de 2 de fevereiro de 2011, é vedado o desconto de créditos calculados em relação aos encargos de exaustão suportados, por falta de previsão legal.

nalmente, na forma da Lei nº 10.865/2004, (4) as contribuições efetivamente pagas na importação de bens e serviços.

Não geram direito ao crédito, entre outros: (1) a aquisição para revenda de mercadorias em relação às quais a contribuição seja exigida da empresa vendedora, na condição de substituta tributária, e de álcool para fins carburantes;[75] (2) o valor da aquisição de bens ou serviços não sujeitos ao pagamento da contribuição, inclusive em caso de isenção; (3) a aquisição, para utilização como insumo, de desperdícios, resíduos ou aparas de plástico, de papel ou cartão, de vidro, de ferro ou aço, de cobre, de níquel, de alumínio, de chumbo, de zinco e de estanho;[76] (4) a mão de obra paga a pessoa física; (5) a aquisição de bens ou serviços não sujeitos ao pagamento da contribuição, inclusive no caso de isenção, este último quando revendidos ou utilizados como insumo em produtos ou serviços sujeitos à alíquota zero, isentos ou não alcançados pela contribuição.

No caso de pessoas jurídicas sujeitas concomitantemente aos regimes de incidência cumulativos e não cumulativos, os créditos serão determinados, a critério do contribuinte, pelo método da apropriação direta ou rateio proporcional, na forma do art. 100 da Instrução Normativa SRF nº 247/2002,[77] consi-

---

[75] Na forma do art. 1º, *caput*, da Lei nº 12.859/2013, a pessoa jurídica importadora ou produtora de álcool, inclusive para fins carburantes, sujeita ao regime de apuração não cumulativa para o PIS e a Cofins, poderá utilizar-se de crédito presumido calculado sobre o volume mensal de venda no mercado interno do referido produto. De acordo com o § 1º desse artigo, o crédito presumido poderá ser aproveitado nas vendas efetuadas até 31 de dezembro de 2016. No entanto, a geração de crédito presumido não se aplica em operações de mera revenda de álcool adquirido no mercado interno, nos termos do § 4º do art. 1º da Lei 12.859/2013, com a redação dada pela Lei nº 12.995/2014. Por força do inciso XXXIX do § 12 do art. 8º da Lei nº 10.865/2004 (com a redação dada pela Lei nº 12.995/2014), fica reduzida a zero a alíquota de importação do álcool, inclusive para fins carburantes, durante esse mesmo prazo.
[76] Vide art. 47 da Lei nº 11.196/2005.
[77] Instrução Normativa SRF nº 247/2002: "Art. 100. Na hipótese de a pessoa jurídica sujeitar-se à incidência não cumulativa do PIS/PASEP de que trata o art. 60, em relação apenas a parte de suas receitas, o crédito será apurado, exclusivamente, em relação

derando que apenas parte de seus custos, despesas e encargos poderá ser utilizada na geração de créditos. Cabe destacar que esse contribuinte não poderá utilizar seus créditos para reduzir o valor devido de PIS e de Cofins, calculado em relação às receitas sujeitas ao regime de incidência cumulativo.

Deverá ser estornado o crédito relativo aos bens adquiridos para revenda ou utilizados como insumos na prestação de serviços e na produção ou fabricação de bens ou produtos destinados à venda, que tenham sido furtados, roubados, inutilizados, deteriorados, destruídos em sinistro ou empregados em outros produtos que tenham tido quaisquer uma dessas destinações.

Das particularidades dos "insumos" na formação do crédito

Em linguagem leiga, entende-se por insumo tudo aquilo que é consumido em um processo ou cada componente necessário à produção, seja para a fabricação de bens ou para prestação de serviços:

> INSUMO. [Trad. do ingl. *input*, por analogia com consumo] S. m. Econ. 1. Elemento que entra no processo de produção de

---

aos custos, despesas e encargos vinculados a essas receitas. § 1º. Para efeitos do disposto neste artigo, a pessoa jurídica deverá alocar, a cada mês, separadamente para a modalidade de incidência referida no *caput* e para aquelas submetidas ao regime de incidência cumulativa dessa contribuição, as parcelas: I - dos custos, das despesas e dos encargos de que tratam os incisos I a IV do art. 66, observado o disposto no art. 67; e II - do custo de aquisição dos bens e serviços de que trata a alínea 'b' do inciso I do art. 66, adquiridos de pessoas físicas, observado o disposto no art. 68. § 2º. Para cumprir o disposto no § 1º, o valor a ser alocado será determinado, a critério da pessoa jurídica, pelo método de: I - apropriação direta, inclusive, em relação aos custos, por meio de sistema de contabilidade de custos integrada e coordenada com a escrituração; ou II - rateio proporcional, aplicando-se aos custos, despesas e encargos comuns a relação percentual existente entre a receita bruta sujeita à incidência não cumulativa e a receita bruta total, auferidas em cada mês. § 3º. O método eleito pela pessoa jurídica será aplicado consistentemente por todo o ano-calendário".

mercadorias ou serviços: máquinas e equipamentos, trabalho humano, etc.; fator de produção [Sin., ingl.: *input*].[78]

Em termos técnicos, podem ser dadas as seguintes definições:

Despesas e investimentos que contribuem para um resultado, ou para obtenção de uma mercadoria ou produto até o consumo final.

É tudo aquilo que entra (*input*) em contraposição ao produto (*output*), que é o que sai.

Trata-se da combinação de fatores de produção, diretos (matéria-prima) e indiretos (mão de obra, energia, tributos) que entram na elaboração de certa quantidade de bens e serviços.

INSUMOS, parágrafo único do obscuro art. 10, I, do AC nº 34, é uma algarvia de origem espanhola, inexistente em português, empregada por alguns economistas para traduzir a expressão inglesa input, isto é, o conjunto de fatores produtivos como matérias-primas, energia, trabalho, amortização do capital, etc., empregados pelo empresário para produzir output, ou o produto final. [...] Insumos são ingredientes da produção, mas há quem limite a palavra a produtos intermediários que, não sendo matérias-primas, são empregados ou se consomem no processo de produção.[79]

Para regulamentar o disposto no art. 3º, II, da Lei nº 10.637/2002 e da Lei nº 10.833/2003, os quais trazem a previsão do insumo como gerador do direito ao crédito, a Secretaria da Receita Federal do Brasil (SRFB) editou a Instrução Normativa SRF nº 247/2002 e a Instrução Normativa SRF nº 404/2004, as

---

[78] FERREIRA, Aurélio Buarque de Holanda. *Novo Aurélio século XXI*. 3. ed. Rio de Janeiro: Nova Fronteira, 1999. p. 1120.
[79] DINIZ, Maria Helena. *Dicionário jurídico*. São Paulo: Saraiva, 1998. v. 2, p. 870.

quais trazem um conceito de insumo mais restrito do que aquele que os contribuintes pretendem seja aplicado. Isso porque consideram que, como a base de cálculo dessas contribuições é expressa pela totalidade das receitas auferidas pela pessoa jurídica contribuinte, todas as despesas que contribuam para a atividade, influindo, assim, na percepção da receita, deveriam ser aptas a gerar crédito,[80] já que a não cumulatividade do PIS e da Cofins não possui o mesmo pressuposto lógico da não cumulatividade do ICMS ou do IPI.

Todavia, o STJ tem entendido, em julgados recentes, que só seria possível o creditamento em relação aos bens e serviços empregados ou utilizados diretamente sobre o produto em fabricação, não vislumbrando restrição ao crédito introduzida pelas instruções normativas SRF nº 247/2002 e nº 404/2004.

> 1. A análise do alcance do conceito de não cumulatividade, previsto no art. 195, § 12, da CF, é vedada neste Tribunal Superior, por se tratar de matéria eminentemente constitucional, sob pena de usurpação da competência do Supremo Tribunal Federal.
> 2. As Instruções Normativas SRF 247/02 e SRF 404/04 não restringem, mas apenas explicitam o conceito de insumo previsto nas Leis 10.637/02 e 10.833/03.
> 3. Possibilidade de creditamento de PIS e COFINS apenas em relação aos bens e serviços empregados ou utilizados diretamente sobre o produto em fabricação.

---

[80] Segundo entendimento do professor Pedro Anan Jr., "os insumos de que trata a lei não são somente as matérias-primas, os materiais de embalagens e os produtos intermediários utilizados diretamente na produção de bens ou prestação de serviços, mas todos os bens e serviços, desde que utilizados na fabricação de bens ou na prestação de serviços. Caso não fosse essa a intenção do legislador, ele certamente teria feito tal limitação de forma expressa" (ANAN JR., Pedro. "A questão do crédito de PIS e Cofins no regime da não cumulatividade", 2010, op. cit., p. 42).

4. Interpretação extensiva que não se admite nos casos de concessão de benefício fiscal (art. 111 do CTN). Precedentes: AgRg no REsp 1.335.014/CE, Rel. Ministro Castro Meira, Segunda Turma, DJe 8/2/13, e REsp 1.140.723/RS, Rel. Ministra Eliana Calmon, Segunda Turma, DJe 22/9/10.[81]

Feitas essas observações, importante se faz pontuar o conceito de insumo utilizado pelo fisco. A Instrução Normativa SRF nº 358, de 12 de setembro de 2003, incluiu o § 5º no art. 66 da Instrução Normativa SRF nº 247/2002, expondo o entendimento de que, para o fisco, deverão ser considerados como insumo:

1) nos casos de utilização na fabricação ou produção de bens destinados à venda:
   a) as matérias-primas, os produtos intermediários, o material de embalagem e quaisquer outros bens que sofram alterações, tais como o desgaste, o dano ou a perda de propriedades físicas ou químicas, em função da ação diretamente exercida sobre o produto em fabricação, desde que não estejam incluídas no ativo imobilizado;
   b) os serviços prestados por pessoa jurídica domiciliada no País, aplicados ou consumidos na produção ou fabricação do produto;
2) nas atividades de prestação de serviços:
   a) os bens aplicados ou consumidos na prestação de serviços, desde que não estejam incluídos no ativo imobilizado; e
   b) os serviços prestados por pessoa jurídica domiciliada no País, aplicados ou consumidos na prestação do serviço.

---

[81] Trecho da ementa de: BRASIL. Superior Tribunal de Justiça. Primeira Turma. REsp nº 1.020.991/RS. Relator: ministro Sergio Kukina. Julgamento em 9 de abril de 2013. DJe, 14 maio 2013.

Há que se observar, entretanto, que somente os bens e serviços *utilizados direta ou indiretamente* na fabricação de bens ou na prestação de serviços conferem direito a crédito. Essa ressalva é muito importante, na medida em que a lei exige que os bens e serviços sejam efetivamente utilizados pelo contribuinte para tais finalidades, e não simplesmente adquiridos ou consumidos em suas operações.

Vale lembrar que o conceito de insumo não está limitado aos bens e serviços utilizados "diretamente" nas atividades do contribuinte, hipótese em que o crédito estaria limitado às matérias-primas, materiais de embalagem e produtos intermediários (aqueles consumidos no processo produtivo). No entanto, as próprias leis nº 10.637/2002 e nº 10.833/2003 preveem, também, a possibilidade de créditos sobre materiais auxiliares ou intermediários, por exemplo, o crédito sobre combustíveis e lubrificantes.

O critério adotado na apuração dos créditos de PIS e Cofins no regime não cumulativo é diferente dos critérios adotados para apuração dos créditos de ICMS e IPI, ao passo que, nas contribuições sociais, a tributação incide sobre a receita (logo, seu campo de abrangência sobre os créditos pode ser maior), enquanto nos tributos sobre consumo a tributação incide sobre a mercadoria ou o produto, sendo a abrangência do crédito um pouco mais restrita, de acordo com a própria legislação que rege a matéria.

Essa tendência é refletida na recente jurisprudência do Conselho Administrativo de Recursos Fiscais (Carf)[82] e, no Judiciário, no Tribunal Regional Federal da Quarta Região.[83]

---

[82] CARF. Acórdão nº 9303-01.035. Câmara Superior de Recursos Fiscais. Relator: Henrique Pinheiro Torres. Data da sessão: 23 de agosto de 2010; CARF. Acórdão nº 3202-000.423. Segunda Câmara/Terceira Seção de Julgamento. Relator: Gilberto de Castro Moreira Júnior. Processo: 11020.001952/2006-22. Data da sessão: 25 de janeiro de 2012; CARF. Acórdão nº 201-81.139. Primeira Câmara/Segunda Conselho de Contribuintes. Relator: Walber José da Silva. Processo: 11065.101271/2006-47. Data da sessão: 2 de junho de 2008.
[83] BRASIL. Tribunal Regional Federal. Quarta Região. AC nº 2007.71.00.030952-6/RS. Relatora: desembargadora federal Luciane Amaral Corrêa Münch. Julgamento em 22 de

Nesse mesmo sentido,[84] podem-se citar as decisões proferidas na Solução de Divergência nº 18/2008 (datada de 30 de maio de 2008 e publicada em 16 de junho de 2008) e na Solução de Divergência nº 15/2008 (datada de 30 de maio de 2008 e publicada em 9 de junho de 2008), com as seguintes ementas:

> EMENTA: INCIDÊNCIA NÃO CUMULATIVA. DIREITO DE CRÉDITO. INSUMOS UTILIZADOS NA PRESTAÇÃO DO SERVIÇO. Não geram crédito para efeito do regime não cumulativo da COFINS, os gastos relativos a rastreamento de veículos e cargas, seguros de qualquer espécie e gastos com pedágio pelo uso de vias públicas (alcançado ou não pelas disposições da Lei nº 10.209, de 2001, mesmo que não reembolsado), uma vez que estes itens não configuram serviços aplicados ou consumidos na prestação de serviço de transporte rodoviário de carga, e o gasto com pedágio pelo uso da via é legalmente atribuído ao contratante do transporte. Disposições legais: Lei nº 10.209, de 23 de março de 2001; Lei nº 10.833, de 29 de dezembro de 2003, art. 3º e Instrução Normativa SRF nº 404, de 12 de março de 2004, art. 8º [Solução de Divergência nº 18/2008].

> EMENTA: Para efeito do inciso II do art. 3º da Lei nº 10.833, de 2003, o termo insumo não pode ser interpretado como todo e qualquer bem ou serviço necessário para a atividade da pessoa

---

setembro de 2009; BRASIL. Tribunal Regional Federal. Terceira Região. AC nº 0005469-26.2009.4.03.6100/SP. Relatora: desembargadora federal Consuelo Yoshida. Julgamento em 22 de junho de 2012; BRASIL. Tribunal Regional Federal. Quarta Região. AC nº 0000007-25.2010.404.7200/SC. Relator: juiz federal Leandro Paulsen. Julgamento em 26 de junho de 2012.

[84] O ADI SRF nº 2/2005, em seu art. 2º, esclareceu que "os valores dos gastos com seguros, nas operações de vendas de produtos ou mercadorias, ainda que pagos ou creditados a pessoas jurídicas domiciliadas no País, por falta de previsão legal, não geram direito a crédito a ser descontado dos valores apurados das referidas contribuições pelas pessoas jurídicas vendedoras".

jurídica, mas, tão somente, aqueles bens ou serviços adquiridos de pessoa jurídica, intrínsecos à atividade, aplicados ou consumidos na fabricação do produto ou no serviço prestado. As diárias pagas a empregados e funcionários em virtude da prestação de serviços em localidade diversa da que residem ou trabalham não dão direito ao crédito da COFINS não cumulativa, por configurarem pagamento de mão de obra. Neste caso a apuração do crédito é vedada pelo art. 3º, § 2º, I, da Lei nº 10.833, de 2003. Os gastos com passagem e hospedagem de empregados e funcionários, não são considerados "insumos" na prestação de serviços, não podendo ser considerados para fins de desconto de crédito na apuração da contribuição para a COFINS não cumulativa. As despesas de aluguéis de veículos para transporte de empregados e funcionários não dão direito ao crédito da contribuição para o PIS/PASEP não cumulativo, por falta de previsão legal [Solução de Divergência nº 15/2008].

No REsp nº 1.246.317/MG, o relator ministro Mauro Campbell Marques reverberou em seu voto que o critério para avaliação do direito ao crédito deve passar pela "essencialidade" do insumo, reforçando a interpretação conferida por aqueles órgãos e marcando a mudança no entendimento acerca do que poderia ser considerado insumo para fins de geração do direito ao crédito.

O julgamento do REsp acima referido foi interrompido pelo pedido de vista do ministro Herman Benjamin, não tendo sido retomado até a presente data, em que ainda consta com julgamento parcial, nos termos do voto do ministro relator (que foi acompanhado pelos ministros Castro Meira e Humberto Martins), dando provimento parcial ao recurso especial para assegurar o direito do recorrente de aproveitar os créditos de PIS e Cofins decorrentes da aquisição de materiais de limpeza e desinfecção, bem como serviços de dedetização aplicados no ambiente produtivo.

Por fim, pode-se expor que, para facilitar a análise sobre determinado item poder ser considerado ou não insumo, propõe-se indagar se o produto ou serviço produzido possuirá a mesma qualidade caso o item (bem ou serviço) seja retirado do processo produtivo do contribuinte.

Sendo a resposta negativa, considera-se que esse item (custo ou despesa) pode ser classificado como insumo pelo contribuinte para fins de apuração do PIS e da Cofins no regime não cumulativo. Sendo a resposta positiva, considera-se que esse item não poderá ser considerado como insumo, não gerando, portanto, direito ao crédito.

Análise exemplificativa de itens que geram direito ao crédito

Resumidamente, serão analisados alguns itens comuns no cotidiano de uma empresa e sua capacidade de gerar créditos ou não:

1) *Manutenção e reparo de máquinas e equipamentos.* Os gastos realizados em bens, *v.g.*, peças de reposição e os serviços de manutenção de máquinas e equipamentos – que sejam diretamente utilizados pelo contribuinte no processo produtivo, quando não incorporados ao ativo imobilizado, podem ser considerados insumos, gerando, portanto, créditos. Quando incorporados ao ativo imobilizado, o crédito será gerado quando do reconhecimento como despesa de depreciação.[85]

---

[85] Este entendimento é partilhado com a Receita Federal do Brasil, conforme demonstrado nos processos de consulta nº 265/2007 e nº 156/2007 (Superintendência Regional da Receita Federal – SRRF/Nona Região Fiscal) e no Processo de Consulta nº 104/2007 (Superintendência Regional da Receita Federal – SRRF/Décima Região Fiscal).

2) *Armazenagem*. Os gastos com armazenagem, incluindo a locação de galpão, geram direito ao crédito, desde que pagos a pessoa jurídica e quando suportados pelo vendedor.[86]

3) *Seguro de cargas*. Os valores pagos a título de seguro de cargas, serviços de cargas e descargas caracterizam-se como insumos utilizados na atividade-fim de empresa de transporte rodoviário de cargas, permitindo a geração de crédito.[87]

4) *Telefone*. Admite-se o creditamento sobre gastos com comunicações telefônicas, desde que vinculados diretamente à prestação de serviços, e condicionada, se aplicável ao caso, à comprovação do correto rateio de tais despesas, de forma a assegurar que o crédito se dê apenas sobre os serviços telefônicos diretamente aplicados na própria prestação de serviços.[88]

5) *Viagens*. As despesas com viagens nacionais ou internacionais de sócios, diretores e funcionários, desde que necessárias às atividades de prestação de serviços de assessoria comercial pelo contribuinte, também geram direito ao crédito, desde que sejam pagas a pessoa jurídica e sujeitas ao pagamento das contribuições, isto é, ao PIS e à Cofins.[89]

6) *ICMS*. O valor pago a título de ICMS na aquisição de mercadoria para revenda integra a base de cálculo da Cofins e do

---

[86] Este entendimento é partilhado com a Receita Federal do Brasil, conforme demonstrado no Processo de Consulta nº 320/2004 (Superintendência Regional da Receita Federal – SRRF/Nona Região Fiscal) e no Processo de Consulta nº 403/2007 (Superintendência Regional da Receita Federal – SRRF/Oitava Região Fiscal).

[87] Este entendimento é partilhado com a Receita Federal do Brasil, conforme demonstrado no Processo de Consulta nº 462/2004 (Superintendência Regional da Receita Federal – SRRF/Sétima Região Fiscal).

[88] Este entendimento é partilhado com a Receita Federal do Brasil, conforme demonstrado no Processo de Consulta nº 220/2007 (Superintendência Regional da Receita Federal – SRRF/Nona Região Fiscal).

[89] Este entendimento é partilhado com a Receita Federal do Brasil, conforme demonstrado no Processo de Consulta nº 214/2006 (Superintendência Regional da Receita Federal – SRRF/Nona Região Fiscal).

PIS para fins de crédito, pois faz parte do custo de aquisição, podendo, assim, ser descontado como crédito pela pessoa jurídica.[90]

7) *Frete*. O inciso IX do art. 3º da Lei nº 10.833/2003 autoriza o desconto de créditos relativo ao frete pago na operação de venda, tanto do bem adquirido para revenda quanto do insumo utilizado no processo produtivo, desde que pago pelo adquirente a pessoa jurídica domiciliada no Brasil.[91]

8) *Vale-transporte, vale-alimentação, fardamento ou uniforme*. É reconhecido o direito ao crédito desses itens, desde que relativos à mão de obra empregada nas atividades de prestação de serviços de limpeza, conservação e manutenção, não cabendo em relação às outras atividades exercidas pela pessoa jurídica, em razão da ausência de previsão nesse sentido no inciso X do art. 3º da Lei nº 10.637/2002 e no inciso X do art. 3º da Lei nº 10.833/2003.[92]

Créditos na exportação

A pessoa jurídica que aufira receitas decorrentes de operações de exportação de mercadorias para o exterior, prestação de serviços a pessoa física ou jurídica domiciliada no exterior, com

---

[90] Vide Solução de Consulta Cosit nº 106, de 11 de abril de 2014, publicada no *DOU* de 10 de junho de2014. Cabe destacar que o ICMS-ST, como reconhecido na citada solução de consulta, é pago pelo adquirente na condição de substituto tributário, razão pela qual não integra o custo de aquisição da mercadoria para revenda, inviabilizando, por conseguinte, o direito ao crédito.

[91] O Carf tem reconhecido o direito ao crédito de PIS/Cofins em relação ao frete pago pelo adquirente a pessoa jurídica domiciliada no Brasil para transportar não apenas os bens adquiridos para serem utilizados como insumo, mas também em relação ao transporte de bens entre os estabelecimentos industriais da pessoa jurídica, desde que estejam em fase de industrialização, reconhecendo, nesse caso, que o transporte compõe o custo do bem (Processo nº 11080.003380/2004-40. Recurso nº 253.618. Acórdão nº 3301-00.424. Terceira Câmara).

[92] Vide Solução de Consulta Cosit nº 219, de 22 de agosto de 2014.

pagamento em moeda conversível, e vendas a empresa comercial exportadora, poderá se apropriar de créditos decorrentes de custos, despesas e encargos vinculados a essas receitas, desde que, caso as vendas fossem destinadas ao mercado interno, estivessem sujeitas ao regime de incidência não cumulativo.

Poderá a pessoa jurídica utilizar esses créditos para fins de dedução do PIS e da Cofins decorrente de demais operações que promova no mercado interno, ou compensar com débitos próprios, vencidos ou vincendos, relativos a tributos administrados pela RFB, observada a legislação específica referente à compensação tributária. Além disso, caso não utilize os créditos até o final de cada trimestre do ano civil, poderá solicitar o ressarcimento[93] em dinheiro, observada a legislação pertinente.[94]

Tanto a compensação quanto o ressarcimento estão limitados aos créditos decorrentes exclusivamente de custos, despesas e encargos vinculados à receita de exportação, devendo ser feito o rateio proporcional ou apropriação direta em relação aos custos, despesas e encargos que sejam comuns às receitas de exportação e de venda no mercado interno.

Alíquotas

Na forma do art. 2º, *caput*, da Lei nº 10.637/2002, a alíquota aplicável no regime não cumulativo para o cálculo da contribuição ao PIS será de 1,65%. Já a alíquota aplicável no regime não cumulativo para o cálculo da Cofins será de 7,6%, na forma do art. 2º, *caput*, da Lei nº 10.833/2003.

---

[93] A Instrução Normativa RFB nº 1.300, de 20 de novembro de 2012, regulamenta a legislação relativa a restituição, compensação, reembolso e ressarcimento.
[94] Vide art. 16 da Lei nº 11.116/2005.

COMPARAÇÃO ENTRE O REGIME DE INCIDÊNCIA CUMULATIVO
E O NÃO CUMULATIVO[95]

Quadro 1
COMPARAÇÃO ENTRE OS REGIMES

Incidência cumulativa	Incidência não cumulativa
Pessoas jurídicas tributadas pelo IR com base no lucro presumido ou arbitrado. Só será aplicada às tributadas pelo lucro real nas exceções previstas em lei.	Aplica-se apenas às pessoas jurídicas tributadas pelo IR com base no lucro real, salvo nas exceções previstas em lei. Se não for tributada pelo lucro real, não se sujeita à incidência não cumulativa.
Alíquota PIS = 0,65%	Alíquota PIS = 1,65%
Alíquota Cofins = 3%	Alíquota Cofins = 7,6%
Não poderá apropriar créditos.	Poderá apropriar créditos

PIS-importação e Cofins-importação

Com o advento da Emenda Constitucional nº 42, de 31 de dezembro de 2003, as contribuições sociais para o PIS e a Cofins passaram a ter a possibilidade de incidir também sobre a importação de bens e serviços provenientes do exterior (art. 149, § 2º, II, combinado com o art. 195, IV, da CRFB/1988), sendo esse seu embasamento constitucional.

Em face do permissivo constitucional, a Medida Provisória nº 164, de 29 de janeiro de 2004, posteriormente convertida na Lei nº 10.865, de 30 de abril de 2004, instituiu a cobrança das contribuições sociais na importação de bens e serviços.

A exposição de motivos da Medida Provisória nº 164/2004 justificou a nova imposição tributária com base na necessidade de manter o equilíbrio da carga tributária interna com aquela

---

[95] Via de regra, serão aplicadas as alíquotas indicadas na tabela. No entanto, há regimes especiais com alíquotas diferenciadas, como será visto no tópico "Situações particulares" (p. 105).

incidente sobre o preço do produto e do serviço importado, de maneira a igualar as condições de competitividade do mercado nacional com o exterior (tratamento isonômico).[96]

Embora possuam o mesmo *nomen iuris*, o PIS-importação e a Cofins-importação possuem contornos tributários distintos das contribuições sociais incidentes sobre o faturamento e sobre a folha de salários, analisadas anteriormente, quer seja no tocante à materialidade (hipótese de incidência) e momento de incidência, quer seja no tocante aos elementos de definição da incidência tributária, isto é, a base de cálculo e sujeito passivo (contribuinte).

Como resultado dessa diferença entre os métodos de tributação, e pelo exposto a seguir, será possível concluir que a justificativa para instituição das contribuições sociais na importação de bens e de serviços não opera na prática, visto que, financeiramente, o efeito da carga tributária entre nacionais (sobre faturamento) e importados (sobre o valor presumido da operação) não é equivalente.

Nesse sentido, parcela da doutrina aduz que o PIS-importação e a Cofins-importação violam o princípio do tratamento nacional previsto no art. III do General Agreement on Tariff and Trade (GATT), do qual o Brasil é signatário. O referido princípio impede o tratamento diferenciado entre produtos nacionais e importados quando a tributação de um país discriminar o produto importado de maneira a favorecer os fabricantes do seu mercado interno.

Hipótese e momento de incidência

Conforme prescreve o art. 3º da Lei nº 10.865/2004, a hipótese de incidência do PIS-importação e da Cofins-importação

---

[96] Disponível em: <www.planalto.gov.br/ccivil_03/_ato2004-2006/2004/Exm/EM-8-MF-04.htm>. Acesso em: 22 set. 2013.

é: (1) a entrada de bens estrangeiros no território nacional;[97] ou (2) o pagamento, o crédito, a entrega, o emprego ou a remessa de valores a residentes ou domiciliados no exterior como contraprestação a serviços prestados.

Para fins de cálculo destes tributos, considera-se, nos termos do art. 4º da Lei nº 10.865/2004, o momento da incidência ocorrido:

> I - na data do registro da declaração de importação de bens submetidos a despacho para consumo;
> II - no dia do lançamento do correspondente crédito tributário, quando se tratar de bens constantes de manifesto ou de outras declarações de efeito equivalente, cujo extravio ou avaria for apurado pela autoridade aduaneira;
> III - na data do vencimento do prazo de permanência dos bens em recinto alfandegado, se iniciado o respectivo despacho aduaneiro antes de aplicada a pena de perdimento, na situação prevista pelo art. 18 da Lei nº 9.779, de 19 de janeiro de 1999;
> IV - na data do pagamento, do crédito, da entrega, do emprego ou da remessa de valores na hipótese de que trata o inciso II do *caput* do art. 3º desta Lei.

Na fase de transição, logo após a instituição do PIS-importação e da Cofins-importação, o fisco pretendeu impor aos contribuintes o ônus de recolhimento das contribuições,

---

[97] Na forma do § 1º do art. 3º da Lei nº 10.865/2004, "consideram-se entrados no território nacional os bens que constem como tendo sido importados e cujo extravio venha a ser apurado pela administração aduaneira", exceto: (1) as malas e remessas postais internacionais, por força do inciso I do § 2º do art. 3º da Lei nº 10.865/2004; e (2) a mercadoria importada a granel que, por sua natureza ou condições de manuseio na descarga, esteja sujeita a quebra ou decréscimo, desde que o extravio não seja superior a um por cento, por força do inciso II do § 2º do art. 3º da Lei nº 10.865/2004. Sendo verificado percentual superior, o PIS-importação e a Cofins-importação serão devidos somente em relação ao que exceder a 1%, na forma do § 3º do art. 3º da Lei nº 10.865/2004.

considerando a data da descarga da mercadoria como o momento de incidência tributária. Dessa forma, caso a descarga fosse posterior à vigência da Lei nº 10.865/2004, que se deu em 1º de maio de 2004, o fisco entendia devido o pagamento dos tributos para finalização do despacho aduaneiro.

O STJ, no entanto, rechaçou essa tese, reconhecendo que o momento de incidência tributária seria, como previsto no inciso I do art. 4º da Lei nº 10.865/2004, a data do registro da declaração de importação e não a data da descarga da mercadoria. Assim, sendo a declaração de importação registrada antes da vigência da novel legislação, não seria devido o tributo.[98]

Outro tema polêmico quanto ao momento de incidência tributária pode ser verificado nos casos de registro antecipado da declaração de importação (DI).

DI é uma obrigação acessória a cargo do importador, que deve registrá-la no Siscomex, indicando dados e modalidade da importação que será realizada, sendo que seu registro caracteriza o início do despacho aduaneiro de importação.

Importante é destacar a seguinte decisão do Carf[99] sobre o tema, cuja ementa é transcrita abaixo:

> MULTA DE OFÍCIO. PIS/PASEP E COFINS IMPORTAÇÃO. DESPACHO ANTECIPADO. RETIFICAÇÃO DI. ALTERAÇÃO DO VALOR ADUANEIRO. POSSIBILIDADE.
> Comprovado que o contribuinte apresentou a Declaração de Importação – DI, tempestivamente poderá ele realizar a retificação, nos termos do art. 8º da IN 175, de 2004 e proceder com

---

[98] BRASIL. Superior Tribunal de Justiça. Primeira Turma. REsp nº 968.842/RS. Relator: ministro José Delgado. Julgamento em 11 de março de 2008. *DJe*, 14 abr. 2008.
[99] CARF. Acórdão nº 3201-00.004. Segunda Câmara. Primeira Turma Ordinária da Terceira Seção de Julgamento. Relator: Nilton Luiz Bartoli. Data da sessão: 25 de março de 2009.

a alteração do valor aduaneiro, a fim de que ajuste o valor a ser recolhido, sem que reste caracterizada irregularidade tributária. Recurso de Ofício Negado.

Há casos em que a legislação tributária autoriza o registro antecipado da DI, assim considerado aquele que, na forma do art. 17 da Instrução Normativa SRF nº 680/2006, seja efetuado antes da descarga da mercadoria vinda diretamente do exterior na unidade da Receita Federal do Brasil para despacho. Pretendia o fisco, nesses casos, considerar que o momento de incidência tributária seria a data do registro antecipado da declaração de importação, valendo-se do mesmo inciso I do art. 4º da Lei nº 10.865/2004. No entanto, essa tese também não foi encampada pelo Judiciário que, nos termos do voto do ministro Luiz Fux nos autos do REsp nº 1.118.815/RS, considerou que o registro antecipado da importação não causa a antecipação do momento do "fato gerador material", que continuará sendo a entrada da mercadoria no território nacional.

> O registro antecipado da declaração de importação é benefício concedido pela autoridade fiscal ao importador (sob a condição de recolhimento de eventual diferença tributária por ocasião da ocorrência do fato gerador), cuja finalidade específica é propiciar a descarga direta de cargas a granel, não tendo o efeito de alterar o momento da ocorrência do fato gerador.[100]

Sujeito passivo

A Lei nº 10.865/2004 prevê, no art. 5º, os contribuintes do PIS-importação e Cofins-importação e, no art. 6º, os responsáveis solidários pelo recolhimento desses tributos.

---

[100] BRASIL. Superior Tribunal de Justiça. Primeira Turma. REsp nº 1.118.815/RS. Relator: ministro Luiz Fux. Julgamento em 24 de agosto de 2010. *DJe*, 9 set. 2010.

São contribuintes do PIS-importação e Cofins-importação:

I - o importador, assim considerada a pessoa física ou jurídica que promova a entrada de bens estrangeiros no território nacional;
II - a pessoa física ou jurídica contratante de serviços de residente ou domiciliado no exterior; e
III - o beneficiário do serviço, na hipótese em que o contratante também seja residente ou domiciliado no exterior.
Parágrafo único. Equiparam-se ao importador o destinatário de remessa postal internacional indicado pelo respectivo remetente e o adquirente de mercadoria entrepostada.

O art. 6º da Lei nº 10.865/2004 prevê responsabilidade tributária, *em caráter solidário*, pelo recolhimento do PIS-importação e da Cofins-importação para:

I - o adquirente de bens estrangeiros, no caso de importação realizada por sua conta e ordem,[101] por intermédio de pessoa jurídica importadora;
II - o transportador, quando transportar bens procedentes do exterior ou sob controle aduaneiro, inclusive em percurso interno;
III - o representante, no País, do transportador estrangeiro;
IV - o depositário, assim considerado qualquer pessoa incumbida da custódia de bem sob controle aduaneiro; e
V - o expedidor, o operador de transporte multimodal ou qualquer subcontratado para a realização do transporte multimodal.

---

[101] Em linhas gerais, pode-se afirmar que a importação por conta e ordem de terceiro é um serviço prestado por uma sociedade empresária (a importadora) que promove, em seu nome, o despacho aduaneiro de importação de mercadorias adquiridas por outra empresa (a adquirente), dita *importadora de fato*. Confira a Instrução Normativa SRF nº 225, de 18 de outubro de 2002.

Base de cálculo e o conceito legal de valor aduaneiro

De acordo com o art. 7º da Lei nº 10.865/2004, com a redação dada pela novel Lei nº 12.865, de 9 de outubro de 2013, a base de cálculo do PIS-importação e da Cofins-importação será:

1) *na importação de bens*: o valor aduaneiro;
2) *na importação de serviços*: o valor pago, creditado, entregue, empregado ou remetido para o exterior, antes da retenção do IRRF,[102] acrescido do ISS[103] e do valor das próprias contribuições.

Antes da vigência da Lei nº 12.865/20013, a redação do inciso I do art. 7º da Lei nº 10.865/2004 previa que a base de cálculo do PIS-importação e da Cofins-importação, no caso de importação de bens, era o valor aduaneiro, assim entendido como o valor que servir ou que serviria de base de cálculo do imposto de importação, acrescido do valor do ICMS incidente no desembaraço aduaneiro e do valor das próprias contribuições (o que é conhecido como incidência por dentro ou método *gross-up*).

No entanto, a determinação de inclusão do ICMS e do valor das próprias contribuições na base de cálculo do PIS-importação e da Cofins-importação fora declarada inconstitucional pelo Plenário do STF, quando do julgamento do RE nº 559.937, em 20 de março de 2013, sendo relator para acórdão o ministro Dias Toffoli, em razão de a relatora, ministra Ellen Gracie, não compor mais o colegiado.

Na ocasião, entendeu o STF que havia ofensa ao art. 149, § 2º, III, "a", da CRFB/1988, com a redação dada pela Emenda

---

[102] IRRF: Imposto de Renda Retido na Fonte.
[103] ISS: Imposto Sobre Serviços de Qualquer Natureza.

Constitucional nº 33/2001, o qual prevê o valor aduaneiro como base de cálculo dessas contribuições sociais.

Os métodos de valoração aduaneira e o conceito de valor aduaneiro foram absorvidos pela legislação brasileira por meio da internalização do GATT, que ocorreu por intermédio dos seguintes atos normativos: Decreto Legislativo nº 30/1994 (aprovação), Decreto nº 1.355/1994 (promulgação) e Decreto nº 6.870/2009 (internalização).

No acordo do GATT, foram introduzidas ressalvas autorizando que os países signatários, na internalização do acordo, incluíssem no conceito de valor aduaneiro os custos necessários para a realização da importação, por exemplo, aqueles com transporte, carga, descarga e seguro.

Assim, o conceito "valor aduaneiro" está regulamentado para fins tributários e aduaneiros pelo Decreto nº 7.213, de 15 de junho de 2010, no bojo do atual Regulamento Aduaneiro (Decreto nº 6.759/2009), e pode ser resumido como sendo o custo da transação internacional de compra e venda, acrescido do frete e do seguro.

> Art. 77. Integram o valor aduaneiro, independentemente do método de valoração utilizado (Acordo de Valoração Aduaneira, Artigo 8, parágrafos 1 e 2, aprovado pelo Decreto Legislativo nº 30, de 1994, e promulgado pelo Decreto nº 1.355, de 1994; e Norma de Aplicação sobre a Valoração Aduaneira de Mercadorias, Artigo 7º, aprovado pela Decisão CMC nº 13, de 2007, internalizada pelo Decreto nº 6.870, de 4 de junho de 2009):
> I - o custo de transporte da mercadoria importada até o porto ou o aeroporto alfandegado de descarga ou o ponto de fronteira alfandegado onde devam ser cumpridas as formalidades de entrada no território aduaneiro;
> II - os gastos relativos à carga, à descarga e ao manuseio, associados ao transporte da mercadoria importada, até a chegada aos locais referidos no inciso I; e

III - o custo do seguro da mercadoria durante as operações referidas nos incisos I e II.[104]

Pode-se verificar que o Brasil adotou um conceito de valor aduaneiro que inclui os custos inerentes à importação, como transporte, carga, descarga, manuseio e seguro, não havendo qualquer previsão de inclusão de impostos, entre os quais se insere o ICMS, objeto da declaração de inconstitucionalidade pelo STF.

Considerou o Pretório Excelso que a lei tributária (no caso, a segunda parte do inciso I do art. 7º da Lei nº 10.865/2004, com a redação anterior à vigência da Lei nº 12.865/2013) teria violado também o art. 110 do CTN, que impede que seja promovida alteração de definição, conteúdo e alcance de institutos, conceitos e formas de direito privado pela lei tributária.

Destaque-se, no entanto, que a declaração de inconstitucionalidade não se deu pelo método concentrado, mas sim no bojo de recurso extraordinário, razão pela qual produziu efeitos apenas entre as partes. No entanto, a esse aresto, foi determinada a aplicação do regime de recursos repetitivos, conforme previsão do § 3º do art. 543-B do CPC, rejeitando o Supremo a questão de ordem suscitada pela Procuradoria da Fazenda Nacional quanto à modulação dos efeitos da decisão, na forma do art. 27 da Lei nº 9.868/1999.

Registre-se que essa decisão do STF é de 20 de março de 2013, ou seja, anterior à vigência da Lei nº 12.865/2013, que ocorreu em 9 de outubro de 2013, que inovou no ordenamento jurídico corrigindo uma incongruência trazida pelo legislador ao se distanciar do conceito de valor aduaneiro adotado pelo país em função das obrigações brasileiras consolidadas perante o GATT.

---

[104] Decreto nº 6.759, de 5 de fevereiro de 2009.

Em suma, tem-se que o art. 26 da Lei nº 12.865/2013 modificou a redação do inciso I do art. 7º da Lei nº 10.865/2004, excluindo a previsão de utilização do cálculo por dentro, e revogou expressamente o § 4º do art. 7º da Lei nº 10.865/2004, que se referia à obrigatoriedade de inclusão do ICMS na base de cálculo do PIS-importação e Cofins-importação, mesmo quando seu recolhimento era diferido.

A Lei nº 12.865/2013 também revogou expressamente o § 5º do art. 7º da Lei nº 10.865/2004,[105] que determina não compor a base de cálculo do PIS-importação e da Cofins-importação o valor referente a outros impostos, taxas, contribuições e despesas aduaneiras, a que se refere o art. 13, V, "e", da Lei Complementar nº 87/1996.

Assim, a base de cálculo do PIS-importação e da Cofins-importação, no caso de importação de bens, será apenas seu valor aduaneiro, já que os dispositivos que previam a inclusão do ICMS, do PIS e da Cofins na base de cálculo via método *gross-up* foram revogados pelo art. 26 da Lei nº 12.865/2013.

Formação da base de cálculo nos termos da Instrução Normativa RFB nº 1.401/2013

No ano de 2013, o STF concluiu, no julgamento do RE nº 559.937/RS,[106] no sentido de que é inconstitucional a inclusão do

---

[105] Esse dispositivo foi inserido pelo art. 41 da Medida Provisória nº 252/2005, produzindo efeitos no período de 16 de junho de 2005 a 13 de outubro de 2005, e reproduzido no art. 44 da Lei nº 11.196/2005, com eficácia a partir de 22 de novembro de 2005.

[106] "EMENTA. Tributário. Recurso extraordinário. Repercussão geral. PIS/COFINS importação. Lei nº 10.865/04. Vedação de *bis in idem*. Não ocorrência. Suporte direto da contribuição do importador (arts. 149, II, e 195, IV, da CF e art. 149, § 2º, III, da CF, acrescido pela EC 33/01). Alíquota específica ou *ad valorem*. Valor aduaneiro acrescido do valor do ICMS e das próprias contribuições. Inconstitucionalidade. Isonomia. Ausência de afronta. 1. Afastada a alegação de violação da vedação ao *bis in idem*, com invocação do art. 195, § 4º, da CF. Não há que se falar sobre invalidade da instituição originária e simultânea de contribuições idênticas com fundamento no inciso IV do art.

ICMS, bem como do PIS/Pasep e da Cofins na base de cálculo dessas mesmas contribuições sociais incidentes sobre a importação de bens e serviços provenientes do exterior. A previsão normativa tachada por inconstitucional pela Suprema Corte estava inserida na segunda parte do inciso I do art. 7º da Lei nº 10.865/2004. Diante desse pronunciamento, em outubro de 2013 a Secretaria da Receita Federal editou a Instrução Normativa RFB

195, com alíquotas apartadas para fins exclusivos de destinação. 2. Contribuições cuja instituição foi previamente prevista e autorizada, de modo expresso, em um dos incisos do art. 195 da Constituição validamente instituídas por lei ordinária. Precedentes. 3. Inaplicável ao caso o art. 195, § 4º, da Constituição. Não há que se dizer que devessem as contribuições em questão ser necessariamente não cumulativas. O fato de não se admitir o crédito senão para as empresas sujeitas à apuração do PIS e da COFINS pelo regime não cumulativo não chega a implicar ofensa à isonomia, de modo a fulminar todo o tributo. A sujeição ao regime do lucro presumido, que implica submissão ao regime cumulativo, é opcional, de modo que não se vislumbra, igualmente, violação do art. 150, II, da CF. 4. Ao dizer que a contribuição ao PIS/PASEP-Importação e a COFINS-Importação poderão ter alíquotas *ad valorem* e base de cálculo o valor aduaneiro, o constituinte derivado circunscreveu a tal base a respectiva competência. 5. A referência ao valor aduaneiro no art. 149, § 2º, III, 'a', da CF implicou utilização de expressão com sentido técnico inequívoco, porquanto já era utilizada pela legislação tributária para indicar a base de cálculo do Imposto sobre a Importação. 6. A Lei 10.865/04, ao instituir o PIS/PASEP-Importação e a COFINS-Importação, não alargou propriamente o conceito de valor aduaneiro, de modo que passasse a abranger, para fins de apuração de tais contribuições, outras grandezas nele não contidas. O que fez foi desconsiderar a imposição constitucional de que as contribuições sociais sobre a importação que tenham alíquota *ad valorem* sejam calculadas com base no valor aduaneiro, extrapolando a norma do art. 149, § 2º, III, 'a', da Constituição Federal. 7. Não há como equiparar, de modo absoluto, a tributação da importação com a tributação das operações internas. O PIS/PASEP-Importação e a COFINS-Importação incidem sobre operação na qual o contribuinte efetuou despesas com a aquisição do produto importado, enquanto o PIS e a COFINS internos incidem sobre o faturamento ou a receita, conforme o regime. São tributos distintos. 8. O gravame das operações de importação se dá não como concretização do princípio da isonomia, mas como medida de política tributária tendente a evitar que a entrada de produtos desonerados tenha efeitos predatórios relativamente às empresas sediadas no País, visando, assim, ao equilíbrio da balança comercial. 9. Inconstitucionalidade da seguinte parte do art. 7º, inciso I, da Lei 10.865/04: 'acrescido do valor do Imposto sobre Operações Relativas à Circulação de Mercadorias e sobre Prestação de Serviços de Transporte Interestadual e Intermunicipal e de Comunicação – ICMS incidente no desembaraço aduaneiro e do valor das próprias contribuições', por violação do art. 149, § 2º, III, 'a', da CF, acrescido pela EC 33/01. 10. Recurso extraordinário a que se nega provimento" (BRASIL. Supremo Tribunal Federal. Tribunal Pleno. RE nº 559.937/RS. Relatora: ministra Ellen Gracie. Julgamento em 20 de março de 2013. *DJe*, 17 out. 2013).

nº 1.401, de 9 de outubro de 2013, em substituição a Instrução Normativa SRF nº 572/2005, alterando a formulação da equação que permite a apuração da base de cálculo do PIS e da Cofins na operação de importação. Conforme a novel regulamentação, deixaram de compor a base de cálculo do PIS e da Cofins, na importação, o ICMS, o PIS e a Cofins.

De acordo com o art. 1º da Instrução Normativa RFB nº 1.401/2013, o valor a ser pago a título de PIS-importação e Cofins-importação será obtido mediante aplicação de fórmula única, aplicável tanto na importação de bens quanto na de serviços. Vejamos:

$$Cofins_{IMPORTAÇÃO} = d \times V \times Z$$

$$PIS_{IMPORTAÇÃO} = c \times V \times Z$$

onde:

$$Z = \left[\frac{1+f}{(1-c-d)} \right]$$

V = o valor pago, creditado, entregue, empregado ou remetido para o exterior, antes da retenção do imposto de renda.
c = alíquota da Contribuição para o PIS/Pasep-importação
d = alíquota da Cofins-importação
f = alíquota do Imposto Sobre Serviços de Qualquer Natureza

Alíquotas

As alíquotas genéricas do PIS e da Cofins na importação de bens e de serviços do exterior são, respectivamente, 1,65% e

7,6%, na forma do art. 8º da Lei nº 10.865/2004, como aquelas aplicáveis ao regime não cumulativo.

Os contribuintes que se encontram sujeitos à aplicação de alíquotas diferenciadas para o PIS e para a Cofins também se sujeitarão a alíquotas diferenciadas para o PIS-importação e a Cofins-importação, conforme relacionado nos §§ 1º a 9º do art. 8º da Lei nº 10.865/2004 e no art. 7º da Lei nº 11.116/2005.

A legislação traz também diversas hipóteses de alíquotas reduzidas, inclusive a zero, nos §§ 10 a 15 do art. 8º da Lei nº 10.865/2004, sendo relevante destacar, entre eles, o § 14, incluído pela Lei nº 10.925/2004, que prevê alíquota zero para o PIS-importação e Cofins-importação, incidente sobre o valor pago, creditado, entregue, empregado ou remetido a pessoa física ou jurídica residente ou domiciliada no exterior, referente a aluguéis e contraprestações de arrendamento mercantil de máquinas e equipamentos, embarcações e aeronaves utilizadas na atividade da contribuinte.

O reconhecimento da aplicação da alíquota zero resta controvertido em certos casos, como no *leasing* operacional e quando ocorre o exercício da opção de compra (importação definitiva ou nacionalização do bem).[107; 108]

---

[107] Processo de Consulta nº 262/2007. Superintendência Regional da Receita Federal – SRRF. Sétima Região Fiscal. Assunto: Contribuição para o Financiamento da Seguridade Social – Cofins. "Ementa: Importação de bens em operações de arrendamento mercantil (*leasing*) – Cabe a cobrança da contribuição. Incide a COFINS (e PIS) sobre a importação de bens estrangeiros em operações de arrendamento mercantil (*leasing*)".

[108] "3. Sujeitam-se à alíquota zero as contribuições para o PIS/COFINS-Importação quando incidentes sobre o valor pago, creditado, entregue, empregado ou remetido à pessoa física ou jurídica domiciliada no exterior em razão de contrato de arrendamento mercantil de equipamentos utilizados na atividade da empresa importadora, não alcançando a internalização de tais equipamentos no território nacional. Precedentes: REsp 1078569/RS, Rel. Ministra Eliana Calmon, Segunda Turma, julgado em 16/12/2008, DJe 18/02/2009; AgRg nos EDcl no REsp 1105797/SC, Rel. Ministro Herman Benjamin, Segunda Turma, julgado em 22/09/2009, DJe 30/09/2009; REsp 1165288/PR, Primeira Turma, Rel. Min. Benedito Gonçalves, julgado em 18/11/2010; 4. Agravo Regimental não provido" (BRASIL. Superior Tribunal de Justiça. Segunda Turma. AgRg no REsp nº 1.040.539/RJ. Relator: ministro Mauro Campbell Marques. Julgamento em 14 de dezembro de 2010. *DJe*, 10 fev. 2011).

Majoritariamente, tem sido afastada a aplicação da alíquota zero na importação de bens, por se considerar que a previsão do § 14 do art. 8º da Lei nº 10.865/2004 somente seria aplicável aos serviços de importação, não sendo cabível sua extensão à importação de mercadorias, uma vez que subjungida à hipótese de incidência do PIS-importação e Cofins-importação diversa (esta teria como fundamento o inciso I do art. 3º da Lei nº 10.865/2004, ou seja, a entrada de bem estrangeiro em território nacional, enquanto a alíquota zero seria aplicada apenas na hipótese de incidência do inciso II do art. 3º da Lei nº 10.865/2004, isto é, à importação de serviços).

Aproveitamento de Créditos

Na forma do art. 15 da Lei nº 10.865/2004, os contribuintes sujeitos ao regime de incidência não cumulativo poderão descontar crédito, para fins de determinação dessas contribuições, em relação às importações sujeitas ao pagamento do PIS-importação e Cofins-importação, nas hipóteses que relaciona:

> Art. 15. As pessoas jurídicas sujeitas à apuração da contribuição para o PIS/PASEP e da COFINS, nos termos dos arts. 2º e 3º das Leis nºs 10.637, de 30 de dezembro de 2002, e 10.833, de 29 de dezembro de 2003, poderão descontar crédito, para fins de determinação dessas contribuições, em relação às importações sujeitas ao pagamento das contribuições de que trata o art. 1º desta Lei, nas seguintes hipóteses:
> I - bens adquiridos para revenda;
> II - bens e serviços utilizados como insumo na prestação de serviços e na produção ou fabricação de bens ou produtos destinados à venda, inclusive combustível e lubrificantes;
> III - energia elétrica consumida nos estabelecimentos da pessoa jurídica;

IV - aluguéis e contraprestações de arrendamento mercantil de prédios, máquinas e equipamentos, embarcações e aeronaves, utilizados na atividade da empresa;

V - máquinas, equipamentos e outros bens incorporados ao ativo imobilizado, adquiridos para locação a terceiros ou para utilização na produção de bens destinados à venda ou na prestação de serviços. (Redação dada pela Lei nº 11.196, de 21/11/2005)

Sendo assim, a mecânica de cálculo dos créditos seguirá a mesma sistemática prevista para o regime não cumulativo, conforme analisado anteriormente, cabendo destacar que o direito ao crédito só será aplicável às contribuições efetivamente pagas na importação de bens e serviços (na forma do § 1º do art. 15 da Lei nº 10.865/2004) e que o crédito não aproveitado em determinado mês poderá sê-lo nos meses subsequentes (na forma do § 2º do art. 15 da Lei nº 10.865/2004).

É importante destacar, outrossim, as seguintes disposições na Lei nº 10.865/2004:

> Art. 15. [...]
>
> § 3º. O crédito de que trata o *caput* deste artigo será apurado mediante a aplicação das alíquotas previstas no *caput* do art. 2º das Leis nºs 10.637, de 30 de dezembro de 2002, e 10.833, de 29 de dezembro de 2003, sobre o valor que serviu de base de cálculo das contribuições, na forma do art. 7º desta Lei, *acrescido do valor do IPI vinculado à importação, quando integrante do custo de aquisição.*
>
> § 4º. Na hipótese do inciso V do *caput* deste artigo, o crédito será determinado mediante a aplicação das alíquotas referidas no § 3º deste artigo sobre o valor da depreciação ou amortização contabilizada a cada mês [grifos meus].

Na importação, o valor do IPI integrado no custo deve ser considerado no cálculo dos créditos referentes às contribuições sociais, conforme previsto no § 3º do art. 15 da Lei nº 10.865/2004, transcrito acima.

Os créditos de PIS e Cofins sobre a importação de máquinas, equipamentos e outros bens incorporados ao ativo imobilizado, adquiridos para locação a terceiros ou para utilização na produção de bens destinados à venda ou na prestação de serviços (hipótese do inciso V do *caput* do art. 15 da Lei nº 10.865/2004, citado em seu § 4º, transcrito acima) serão determinados mediante a aplicação das alíquotas gerais do regime de incidência não cumulativo sobre o valor da depreciação ou amortização contabilizada a cada mês.

Nos termos do parágrafo único do art. 16 da Lei nº 10.865/2004, mesmo quando a importação for efetuada com isenção, será gerado direito ao crédito, exceto na hipótese de os produtos serem revendidos ou utilizados como insumo em produtos ou serviços sujeitos à alíquota zero, isentos ou não alcançados pela contribuição.

Por outro lado, é possível inferir do art. 15 da Lei nº 10.865/2004, que é vedado às pessoas jurídicas sujeitas ao regime de incidência cumulativo ou optantes do Simples o aproveitamento de créditos decorrentes do recolhimento do PIS-importação e da Cofins-importação sobre a entrada de insumos provenientes do exterior no território nacional, sejam ativos, mercadorias ou serviços.[109]

6. Entende-se que o critério previsto na lei que afasta o direito de crédito das contribuições aos contribuintes optantes pelo

---

[109] Coordenação-Geral do Sistema de Tributação (Cosit). Processo de Consulta nº 8/2008. Assunto: Contribuição para o Financiamento da Seguridade Social – Cofins. "Ementa: Pessoa jurídica tributada pelo Imposto de Renda da Pessoa Jurídica com base no Lucro Presumido ou no Lucro Arbitrado não tem direito a apurar o crédito da Cofins-Importação estabelecido pelo art. 17 da Lei nº 10.865, de 30 de abril de 2004."

lucro presumido não ofende aos princípios constitucionais da isonomia e da vedação ao confisco. Na verdade, o espírito da isonomia tributária impõe ao legislador infraconstitucional o dever de estabelecer tratamento diferenciado para contribuintes que se encontrem em situações distintas, como é a hipótese dos autos. Quanto ao confisco, não há qualquer demonstração de que a tributação ora discutida inviabilizaria o exercício das atividades econômicas da impetrante.[110]

Cabe ressaltar que, nos termos do art. 18 da Lei nº 10.865/2004, no caso da importação por conta e ordem de terceiros,[111] os créditos serão aproveitados pelo adquirente encomendante e não pela importadora.

Situações particulares

Neste tópico serão analisadas situações que apresentam alguma diferença na apuração da base de cálculo e/ou da alíquota aplicável, as quais serão, para fins de melhor visualização, divididas da seguinte forma:

1) casos com base de cálculo e alíquota diferenciadas;
2) casos com base de cálculo diferenciada;
3) casos com alíquota diferenciada;
4) substituição tributária;

---

[110] BRASIL. Tribunal Regional Federal. Terceira Região. Processo nº 2004.61.00.019822-0. Terceira Turma. Relatora: desembargadora federal Cecília Marcondes. Julgamento em 22 de setembro de 2011. *DJ*, 17 out. 2011.

[111] "Entende-se por importador por conta e ordem de terceiro a pessoa jurídica que promover, em seu nome, o despacho aduaneiro de importação de mercadoria adquirida por outra, em razão de contrato previamente firmado, que poderá compreender, ainda, a prestação de outros serviços relacionados com a transação comercial, como a realização de cotação de preços e a intermediação comercial" (Instrução Normativa SRF nº 225, de 18 de outubro de 2002, art. 1º, parágrafo único).

5) regime monofásico (tributação concentrada);
6) regimes especiais.

Casos com base de cálculo e alíquota diferenciadas

Nessa hipótese se encontram inseridas: (1) as instituições financeiras; (2) as entidades sem fins lucrativos; e (3) as pessoas jurídicas de direito público interno, cada qual com sistemática de apuração da base de cálculo e alíquotas distintas entre si.

ENTIDADES FINANCEIRAS

As pessoas jurídicas mencionadas no § 1º do art. 22 da Lei nº 8.212/1991,[112] por força do § 5º do art. 3º da Lei nº 9.718/1998, para efeito da Cofins, podem se valer das mesmas deduções e exclusões da base de cálculo previstas para apuração da base de cálculo do PIS, previstas no *caput* do art. 1º da Lei nº 9.701/1998:

> Art. 1º. Para efeito de determinação da base de cálculo da Contribuição para o Programa de Integração Social – PIS, de que trata o inciso V do art. 72 do Ato das Disposições Constitucionais Transitórias, as pessoas jurídicas referidas no § 1º do art. 22 da Lei nº 8.212, de 24 de julho de 1991, poderão efetuar as seguintes exclusões ou deduções da receita bruta operacional auferida no mês:
> I - reversões de provisões operacionais e recuperações de créditos baixados como prejuízo, que não representem ingresso de

---

[112] As pessoas jurídicas mencionadas no dispositivo legal são: os bancos comerciais, os bancos de investimentos, os bancos de desenvolvimento, as sociedades de crédito imobiliário, as sociedades corretoras, as distribuidoras de títulos e valores mobiliários, as empresas de arrendamento mercantil, as cooperativas de crédito, as empresas de seguros privados e de capitalização, os agentes autônomos de seguros privados e de crédito e as entidades de previdência privada abertas e fechadas.

novas receitas, o resultado positivo da avaliação de investimentos pelo valor do patrimônio líquido e os lucros e dividendos derivados de investimentos avaliados pelo custo de aquisição, que tenham sido computados como receita; [...]

III - no caso de bancos comerciais, bancos de investimentos, bancos de desenvolvimento, caixas econômicas, sociedades de crédito, financiamento e investimento, sociedades de crédito imobiliário, sociedades corretoras, distribuidoras de títulos e valores mobiliários, empresas de arrendamento mercantil e cooperativas de crédito:

a) despesas de captação em operações realizadas no mercado interfinanceiro, inclusive com títulos públicos;

b) encargos com obrigações por refinanciamentos, empréstimos e repasses de recursos de órgãos e instituições oficiais;

c) despesas de câmbio;

d) despesas de arrendamento mercantil, restritas a empresas e instituições arrendadoras;

e) despesas de operações especiais por conta e ordem do Tesouro Nacional;

IV - no caso de empresas de seguros privados:

a) cosseguro e resseguro cedidos;

b) valores referentes a cancelamentos e restituições de prêmios que houverem sido computados como receitas;

c) a parcela dos prêmios destinada à constituição de provisões ou reservas técnicas;

V - no caso de entidades de previdência privada abertas e fechadas, a parcela das contribuições destinada à constituição de provisões ou reservas técnicas;

VI - no caso de empresas de capitalização, a parcela dos prêmios destinada à constituição de provisões ou reservas técnicas.

No caso dos bancos comerciais, bancos de investimento, bancos de desenvolvimento, caixas econômicas, sociedades de crédito, financiamento e investimento, sociedades de crédito imobiliário, sociedades corretoras, distribuidoras de títulos e valores mobiliários, empresas de arrendamento mercantil e cooperativas de crédito, poderão ser deduzidas ou excluídas: (1) as despesas incorridas nas operações de intermediação financeira; (2) as despesas de obrigações por empréstimos, para repasse, de recursos de instituições de direito privado; (3) o deságio na colocação de títulos; (4) as perdas com títulos de renda fixa ou variável, exceto com ações; e (5) as perdas com ativos financeiros e mercadorias em operações de *hedge*.[113]

No caso de empresas de seguros privados, poderão ser abatidas as indenizações correspondentes aos sinistros ocorridos, efetivamente pagos, deduzidas as importâncias recebidas a título de cosseguro e resseguro, salvados e outros ressarcimentos.[114] Já as entidades de previdência privada (abertas ou fechadas) podem abater os rendimentos auferidos nas aplicações financeiras destinadas ao pagamento dos benefícios de aposentadoria, pensão, pecúlio e de resgates,[115] enquanto as empresas de capitalização apenas poderão se valer dos rendimentos auferidos nas aplicações financeiras destinadas ao pagamento de resgates.[116]

Na forma do § 8º do art. 3º da Lei nº 9.718/1998, incluído pela Medida Provisória nº 2.158-35/2001, poderão também ser deduzidas na apuração da base de cálculo as despesas de captação de recursos realizadas por pessoas jurídicas que tenham por objeto a securitização de créditos: (1) imobiliários, nos termos da Lei nº 9.514/1997; (2) financeiros, observada a regulamenta-

---

[113] Vide art. 3º, § 6º, I, da Lei nº 9.718/1998, incluído pela Medida Provisória nº 2.158-35/2001.
[114] Vide art. 3º, § 6º, II, da Lei nº 9.718/1998, incluído pela Medida Provisória nº 2.158-35/2001.
[115] Vide art. 3º, § 6º, III, da Lei nº 9.718/1998, incluído pela Medida Provisória nº 2.158-35/2001.
[116] Vide art. 3º, § 6º, IV, da Lei nº 9.718/1998, incluído pela Medida Provisória nº 2.158-35/2001.

ção editada pelo Conselho Monetário Nacional; e (3) agrícolas, conforme ato do Conselho Monetário Nacional.

Em contraponto às deduções e exclusões previstas para determinação da base de cálculo das contribuições sociais devidas por essas pessoas jurídicas, o art. 18 da Lei nº 10.865/2004 elevou a alíquota da Cofins incidente para 4%, sendo certo que as instituições financeiras não se sujeitam ao regime de incidência não cumulativo, como visto no item "Contribuintes" de "Regime de incidência não cumulativo" (p. 61).[117]

ENTIDADES SEM FINS LUCRATIVOS

Como visto no item "PIS sobre folha de salários" (p. 56), as entidades sem fins lucrativos mencionadas no art. 13 da Medida Provisória nº 2.158-35/2001, não são contribuintes do PIS e da Cofins calculadas sobre o faturamento, sujeitando-se exclusivamente à incidência do PIS-folha de salários, que possui base de cálculo e alíquota diferenciadas.

Já as sociedades cooperativas, além de estarem sujeitas à incidência do PIS sobre folha de salários, se submetem à incidência do PIS e da Cofins calculados sobre o faturamento, hipótese em que poderão se valer das deduções e exclusões autorizadas pelo art. 15 da Medida Provisória nº 2.158-35/2001:

> Art. 15. As sociedades cooperativas poderão, observado o disposto nos arts. 2º e 3º da Lei nº 9.718, de 1998, excluir da base de cálculo da COFINS e do PIS/PASEP:
> I - os valores repassados aos associados, decorrentes da comercialização de produto por eles entregue à cooperativa;
> II - as receitas de venda de bens e mercadorias a associados;
> III - as receitas decorrentes da prestação, aos associados, de serviços especializados, aplicáveis na atividade rural, relativos

---

[117] Instrução Normativa RFB nº 1.285, de 13 de agosto de 2012.

a assistência técnica, extensão rural, formação profissional e assemelhadas;

IV - as receitas decorrentes do beneficiamento, armazenamento e industrialização de produção do associado;

V - as receitas financeiras decorrentes de repasse de empréstimos rurais contraídos junto a instituições financeiras, até o limite dos encargos a estas devidos.

§ 1º. Para os fins do disposto no inciso II, a exclusão alcançará somente as receitas decorrentes da venda de bens e mercadorias vinculados diretamente à atividade econômica desenvolvida pelo associado e que seja objeto da cooperativa.

§ 2º. Relativamente às operações referidas nos incisos I a V do *caput*:

I - a contribuição para o PIS/PASEP será determinada, também, de conformidade com o disposto no art. 13;

II - serão contabilizadas destacadamente, pela cooperativa, e comprovadas mediante documentação hábil e idônea, com a identificação do associado, do valor da operação, da espécie do bem ou mercadorias e quantidades vendidas.

Pessoas jurídicas de direito público interno

Na forma do inciso III do art. 2º da Lei nº 9.715/1998, as pessoas jurídicas de direito público interno possuem base de cálculo diferenciada para apuração do PIS/Pasep, a qual não será a receita bruta, mas sim as transferências correntes de capital recebidas e as receitas correntes arrecadadas, incluindo-se nestas quaisquer receitas tributárias, ainda que arrecadadas, no todo ou em parte, por outra entidade da administração pública (ou seja, mediante delegação da capacidade tributária ativa), deduzindo-se as transferências efetuadas a outras entidades públicas.[118]

As pessoas jurídicas de direito público interno não estão sujeitas à apuração da Cofins.

---

[118] Vide art. 7º da Lei nº 9.715/1998.

Casos com base de cálculo diferenciada

EMPRESAS DE *FACTORING*

Na forma do art. 14, VI, da Lei nº 9.718/1998, as empresas de *factoring* se sujeitam obrigatoriamente à apuração do imposto de renda pelo lucro real, razão pela qual também estarão obrigatoriamente sujeitas ao regime de incidência não cumulativo para o PIS e a Cofins. A apuração da base de cálculo, no entanto, é diferenciada, considerando-se como receita bruta, na aquisição com deságio de direitos creditórios resultantes de vendas mercantis a prazo ou de prestação de serviços, a diferença entre o custo de aquisição e o valor de face do título ou direito creditório adquirido, nos termos do art. 10, § 3º, da Instrução Normativa SRF nº 247/2002.

Na excepcionalidade de arbitramento do lucro, estarão as empresas de *factoring* sujeitas ao regime cumulativo para o PIS e a Cofins, hipótese em que deverão apurar as contribuições conforme a sistemática cumulativa (não sendo, portanto, a utilização e apropriação de créditos), aplicando-se as alíquotas do regime cumulativo (0,65% PIS e 3% Cofins).

OPERAÇÕES DE CÂMBIO

Sujeitam-se obrigatoriamente ao regime cumulativo as receitas decorrentes das operações de câmbio realizadas por instituições autorizadas pelo Banco Central do Brasil,[119] em que serão aplicadas as alíquotas de 0,65% para o PIS e de 4% para a Cofins,[120] incidentes sobre a diferença positiva entre o preço de

---

[119] Vide art. 8º, I, da Lei nº 10.637/2002 e art. 10, I, da Lei nº 10.833/2003.
[120] Conforme previsão do art. 18 da Lei nº 10.865/2004, como visto no item "Entidades financeiras" (p. 106).

venda e o preço de compra da moeda estrangeira, na forma do art. 3º, § 4º, da Lei nº 9.718/1998.[121]

Pessoa jurídica integrante do MAE

A pessoa jurídica integrante do Mercado Atacadista de Energia Elétrica (MAE), nos termos do art. 47 da Lei nº 10.637/2002, poderá optar por regime especial de apuração do PIS e da Cofins. Quando submetidas ao regime especial, as operações de compra e venda de energia elétrica, no âmbito do MAE, sujeitam-se ao regime de incidência cumulativo, sendo considerados base de cálculo do PIS e da Cofins os resultados positivos apurados mensalmente pela pessoa jurídica optante.[122]

Casos com alíquota diferenciada

Essas hipóteses podem ser subdivididas conforme sejam as alíquotas concentradas ou reduzidas. Em ambos os casos, no entanto, a pessoa jurídica submetida ao regime de incidência não cumulativo deverá integrar as receitas auferidas nas vendas dos bens submetidos a alíquotas diferenciadas na apuração do valor devido a título de PIS e de Cofins.

Alíquotas concentradas

São verificadas em relação: (1) aos combustíveis (gasolina, gás liquefeito de petróleo, nafta petroquímica, querosene de aviação, entre outros); (2) ao álcool, inclusive para fins carburantes; (3) aos medicamentos, produtos de perfumaria, de

---

[121] Vide art. 6º da Instrução Normativa RFB nº 1.285, de 13 de agosto de 2012.
[122] Vide art.14 da Lei nº 9.648/1998 e art. 23, XI, da Instrução Normativa SRF nº 404/2004.

toucador ou de higiene pessoal; (4) aos veículos automotores, máquinas, autopeças, câmaras de ar de borracha e pneus novos de borracha; (5) às bebidas frias; e (6) ao biodiesel.

Alíquotas reduzidas

São verificadas em relação: (1) à nafta petroquímica; (2) ao papel destinado à impressão de periódicos, imune ou não; (3) ao papel destinado à impressão de jornais; (4) a determinados produtos hortícolas e frutas; (5) a aeronaves, suas partes, peças; (6) a sêmens e embriões; (7) à Zona Franca de Manaus (ZFM); (8) a concessionários de veículos; (9) a fertilizantes, defensivos agrícolas e outros; (10) a gás natural canalizado; (11) ao carvão mineral; (12) a produtos químicos e farmacêuticos; (13) a livros, combustíveis, bebidas e embalagens; e (14) ao Programa de Inclusão Digital.

Substituição tributária

A substituição tributária proporciona o efeito de antecipar o recolhimento do tributo que seria devido nas etapas subsequentes ("substituição tributária para frente") ou efetiva o devido relativo às etapas anteriores ("substituição tributária para trás") da cadeia produtiva, impondo a responsabilidade pelo seu recolhimento a uma única pessoa, que será concomitantemente contribuinte (em relação às suas operações) e responsável tributário (em relação às demais operações da cadeia).

No que tange ao PIS/Cofins, podem-se citar como hipóteses de substituição tributária as aplicáveis aos cigarros e a determinados tipos de veículos, como motocicletas, semeadoras, plantadores, adubadoras, entre outros.

Os fabricantes e importadores de cigarros estão obrigados ao recolhimento dessas contribuições sociais, na qualidade de contribuintes e de substitutos tributários dos comerciantes (quer sejam varejistas, quer sejam atacadistas), sendo a base de cálculo obtida a partir da multiplicação do preço fixado para a venda do cigarro no varejo por 3,42% em relação ao PIS e 291,69% em relação à Cofins.[123]

Os fabricantes e os importadores de veículos autopropulsados, classificados com os códigos 8432.30 e 87.11 da Tipi, estão obrigados ao recolhimento dessas contribuições sociais, na qualidade de contribuintes e de substitutos tributários dos comerciantes varejistas, sendo a base de cálculo o preço de venda praticado pelo fabricante.[124]

Para fins de apuração do PIS e da Cofins, devidos na condição de contribuinte substituto, incidirão as alíquotas modais de 0,65% e 3%, respectivamente. A substituição tributária não afasta o dever de pagamento das contribuições devidas, na qualidade de contribuinte, pelo próprio fabricante ou importador, independentemente do tipo de regime a que este esteja submetido.

Regime monofásico (tributação concentrada)

O regime monofásico, em um primeiro momento, parece semelhante à substituição tributária, já que se verifica no início do processo produtivo (fabricação ou importação) e impõe o recolhimento, nesse momento, do tributo que é devido por toda a da cadeia produtiva. Todavia a incidência monofásica não se confunde com a substituição tributária, dela se diferenciando, basicamente, em virtude da ausência de presunção quanto à ocorrência do fato jurídico tributário.

Assim, diferentemente do que ocorre na substituição tributária, o legislador não efetua uma presunção de que o produto

---

[123] Vide art. 62 da Lei nº 11.196/2005, com redação dada pelo art. 5º da Lei nº 12.024/2009.
[124] Vide art. 43 da Medida Provisória nº 2.158-35/2001.

irá circular em etapas na cadeia produtiva, como é feito na substituição tributária, em que se opera uma oneração antecipada e que pode ser faticamente não verificada.

Na incidência monofásica, não interessa para o legislador a circulação do produto ao longo da cadeia. Simplesmente, para fins de evitar a sonegação fiscal e facilitar a fiscalização tributária, o legislador onera o elo inicial da cadeia mais fortemente (com a aplicação das alíquotas diferenciadas), "desonerando" as fases posteriores com previsões de alíquota zero.

Enquanto na substituição tributária, caso não ocorra o fato gerador presumido, a contribuição indevidamente recolhida aos cofres públicos deve ser preferencialmente ressarcida, de acordo com a Constituição, na monofasia o mesmo não se dá, uma vez que todos os elos da cadeia produtiva submetem-se ao campo de incidência dessas contribuições. Esse é um dos motivos pelos quais a monofasia tem sido preferida em relação à substituição tributária.

Entre outras diferenças, cabe ainda frisar que a substituição tributária implica obrigatoriamente cumulatividade, ao passo que as receitas submetidas à monofasia podem se enquadrar no regime da cumulatividade ou na sistemática da não cumulatividade.

Os produtos sujeitos à substituição tributária estarão sempre submetidos ao regime cumulativo, independentemente do regime a que o contribuinte esteja obrigado. Por sua vez, os produtos submetidos à monofasia podem estar sujeitos ao regime cumulativo – se o contribuinte se sujeitar ao regime de apuração do imposto sobre a renda segundo o regime do lucro presumido ou do lucro arbitrado – ou não cumulativo – se, obrigado à apuração segundo a sistemática do lucro real –, tudo a depender do regime de tributação da pessoa jurídica.

O regime monofásico do PIS e da Cofins é aplicável a apenas alguns produtos previamente selecionados pelo legislador, por questões de política fiscal, concentrando-se a incidência tributária apenas sobre o fabricante ou importador e aplicando-se sobre a base de cálculo alíquotas diferenciadas, mais altas do que as aplicáveis aos contribuintes em geral.

O art. 2º, § 1º, da Lei nº 10.637/2002 e o art. 2º, § 1º, da Lei nº 10.833/2003 apresentam a relação dos produtos que estão submetidos à incidência monofásica, quais sejam: (1) gasolina; (2) óleo diesel, (3) gás liquefeito de petróleo; (4) querosene de aviação; (5) biodiesel; (6) álcool, inclusive para fins carburantes; (7) alguns produtos farmacêuticos, de perfumaria, de toucador e de higiene pessoal previstas no inciso I do art. 1º da Lei nº 10.147/2000; (8) algumas máquinas e veículos classificados sob determinados códigos da Tipi, conforme previsto no art. 1º da Lei nº 10.485/2002; (9) determinadas autopeças relacionadas nos anexos da Lei nº 10.485/2002; (10) pneus novos de borracha e câmaras de ar de borracha; e (11) bebidas.

Diferentemente do que foi visto em relação ao regime de incidência cumulativo, ao não cumulativo e ao PIS-importação/Cofins-importação, as alíquotas aplicáveis ao regime monofásico não são uniformes, isto é, não são aplicáveis as mesmas alíquotas aos contribuintes indistintamente, havendo previsão legal de alíquotas diferenciadas específicas para cada segmento econômico.

Em outras palavras, em que pese o fato de ambos estarem sujeitos ao regime de incidência monofásico, o contribuinte fabricante de refrigerantes não estará sujeito à mesma alíquota que o contribuinte fabricante de autopeças.

O regime monofásico não se confunde com os regimes de apuração cumulativo e não cumulativo do PIS/Cofins e pode abranger contribuintes sujeitos quer ao regime de incidência cumulativo, quer ao não cumulativo.

Além disso, é importante destacar que o campo de incidência do regime monofásico, como visto acima, é restrito. Dessa forma, é comum que um mesmo contribuinte, diante da multiplicidade de suas atividades, esteja sujeito a dois regimes de incidência distintos, de sorte que: (1) as receitas com a venda dos produtos sujeitos ao regime monofásico serão tributadas com as alíquotas diferenciadas (majoradas) aplicáveis a cada segmento; e (2) as demais receitas operacionais e não operacionais serão tributadas com base nas regras previstas para o regime de incidência cumulativo ou não cumulativo, conforme seja o caso.

Isso significa dizer que uma refinaria, por exemplo, está sujeita à incidência monofásica sobre a venda de gasolina à alíquota de 2,7% para o PIS e 12,45% para a Cofins (Lei nº 9.990/2000). Sendo tributada no imposto de renda com base no lucro real,[125] a mesma refinaria se sujeita ao regime não cumulativo do PIS e da Cofins, de forma que tributará a venda de óleo lubrificante sintético (não derivado de petróleo) utilizando-se as alíquotas previstas para o regime não cumulativo de 1,65% para o PIS e de 7,6% para a Cofins.

A seu passo, o posto de combustível que compre a gasolina para revenda e que esteja sendo tributado pelo imposto de renda com base no lucro presumido[126] não será tributado pelo PIS e pela Cofins na revenda da gasolina (em virtude da incidência monofásica na refinaria, estará sujeito à alíquota zero), mas tri-

---

[125] O lucro real, de acordo com o art. 247 do Regulamento do Imposto sobre a Renda da Pessoa Jurídica (Decreto nº 3.000/1999 – RIR/1999), é o lucro líquido do período de apuração ajustado pelas adições, exclusões ou compensações prescritas ou autorizadas pela legislação fiscal. Difere do lucro líquido apurado contabilmente, mas sua determinação será precedida da apuração daquele. Como visto alhures, o lucro real determina a sujeição da pessoa jurídica ao regime não cumulativo de apuração das contribuições sociais para o PIS e a Cofins, à exceção das receitas expressamente sujeitas às alíquotas cumulativas ou monofásicas.

[126] O lucro presumido é outro regime de apuração no âmbito da legislação do Imposto sobre a Renda da Pessoa Jurídica (Decreto nº 3.000/1999 – RIR/1999), que se distingue do lucro real por consistir em base de cálculo estimada nos temos da legislação, por meio da aplicação de percentual de presunção de lucro sobre a receita bruta fixada pela legislação tributária, conforme seja a atividade do contribuinte.

butará a prestação de serviços de oficina, troca de óleo, limpeza e borracheiro, utilizando-se a alíquota de 0,65% de PIS e 3% de Cofins, já que obrigatoriamente sujeito ao regime cumulativo.

Complementando o exemplo, tem-se que, se esse posto de gasolina vender cigarros (como é comum na prática), esses produtos estarão submetidos ao regime de substituição tributária, não sendo devido pelo posto de gasolina recolhimento a título de PIS e de Cofins sobre a receita decorrente de sua venda. No que tange à venda de pneus, como visto acima, será hipótese de tributação concentrada, de modo que igualmente não será devido pelo posto de gasolina recolhimento a título de PIS e de Cofins sobre a receita decorrente dessas vendas.

Como os produtos sujeitos às alíquotas diferenciadas têm sua tributação concentrada no produtor ou importador, os comerciantes atacadistas e varejistas, em contrapartida, são beneficiados, geralmente, com redução a zero das alíquotas das contribuições sociais. Por isso, o sujeito passivo da incidência monofásica tem o direito a compensar os créditos sobre insumos e outros previstos na legislação, se sujeito ao regime de incidência não cumulativo do PIS e da Cofins.

A Instrução Normativa SRF nº 594, de 26 de dezembro de 2005, publicada no *DOU* de 30 de dezembro de 2005, dispõe sobre a regulamentação dos créditos de PIS e de Cofins na aquisição de produtos sujeitos ao regime monofásico, no âmbito da administração fazendária. Os demais contribuintes, por sua vez, ficam impedidos de descontar créditos em relação às demais operações com os "produtos monofásicos", tendo em vista a oneração antecipada das demais etapas de circulação desses produtos.

Todavia nem sempre é isso o que acontece, pois no lugar do comerciante atacadista ou varejista pode haver outro produtor ou fabricante, hipótese em que haverá nova incidência monofásica, utilizando-se das alíquotas diferenciadas aplicáveis ao segmento econômico.

Com alteração promovida pelo art. 24 da Lei nº 11.727/2008, foi permitido à pessoa jurídica sujeita ao regime de apuração não cumulativo do PIS e da Cofins, produtor ou fabricante dos produtos submetidos à incidência monofásica, descontar créditos relativos à aquisição desses produtos de outra pessoa jurídica, importadora, produtora ou fabricante, para revenda no mercado interno ou para exportação.

Regimes especiais

Na legislação tributária, há a previsão de diversos regimes especiais, concebidos com o intuito de incentivar determinados setores ou segmentos da economia. O presente estudo não pretende exaurir o tema, cabendo ao leitor a análise mais profunda de cada um deles. No entanto, exemplificativamente, alguns serão pontuados a seguir.

Um exemplo é o regime especial de incentivos para o desenvolvimento da infraestrutura (Reidi), criado pela Lei nº 11.488/2007, e alterações posteriores, sendo beneficiária desse regime especial a pessoa jurídica que tenha projeto aprovado para implantação de obras de infraestrutura nos setores de transportes, portos, energia, saneamento básico e irrigação, com exceção das optantes pelo Simples.

Um dos benefícios desse regime especial está relacionado à suspensão da exigência do PIS e da Cofins, no caso de venda ou de importação de bens destinados ao ativo imobilizado, quando para utilização ou incorporação em obras de infraestrutura. Assim ficará suspensa a incidência do PIS e da Cofins, no caso de venda no mercado interno, quando os bens forem adquiridos por pessoa jurídica beneficiária do Reidi, e do PIS-importação e da Cofins-importação quando os bens forem importados diretamente por pessoa jurídica beneficiária do regime.

A suspensão da exigência das contribuições também se aplica à prestação de serviços efetuada por pessoa jurídica estabelecida no país, quando a tomadora for pessoa jurídica beneficiária do Reidi (no caso do PIS e da Cofins) e quando os serviços forem importados diretamente por pessoa jurídica beneficiária do regime, na hipótese do PIS-importação e da Cofins-importação.

Outro regime especial que pode ser citado é o Repetro, que é um regime aduaneiro especial de exportação e importação de bens destinados às atividades de pesquisa e lavra das jazidas de petróleo e gás natural, instituído originalmente pelo Decreto nº 3.161/1999 e que atualmente encontra-se regulamentado pelo Decreto nº 6.759/2009.

Esse regime será aplicado a pessoas previamente habilitadas na Secretaria da Receita Federal do Brasil, na forma do art. 4º da Instrução Normativa RFB nº 1.415, de 4 de dezembro de 2013, e se destina às atividades de pesquisa e lavra das jazidas de petróleo e gás natural, definidas no art. 6º da Lei nº 9.478/1997.

O Repetro será aplicado exclusivamente em relação aos bens elencados no anexo I da Instrução Normativa RFB nº 1.415/2013 e

> às máquinas e equipamentos, inclusive sobressalentes, às ferramentas e aos aparelhos e a outras partes e peças, inclusive os destinados à proteção do meio ambiente, salvamento, prevenção de acidentes e combate a incêndios, desde que utilizados para garantir a operacionalidade dos bens referidos no inciso I ou necessários ao cumprimento de outras exigências normativas para as atividades [a que se destina o regime].[127]

---

[127] Instrução Normativa RFB nº 1.415/2013, art. 3º, II.

O Repetro admite a possibilidade de utilização dos tratamentos tributários diferenciados, que também serão aplicados ao PIS e à Cofins, como concessão de regime especial de admissão temporária ou suspensão do pagamento dos tributos, nos casos de importação em regime de *drawback*.

O Recap (regime especial de aquisição de bens de capital para empresas exportadoras), instituído pelo art. 12 da Lei nº 11.196/2005, é mais um exemplo de regime especial que pode ser citado, e que somente será aplicável às pessoas jurídicas previamente habilitadas, na forma da Instrução Normativa SRF nº 605/2006.

Nesse regime, haverá a suspensão do PIS e da Cofins nas importações ou aquisições em mercado interno de bens novos por empresas preponderantemente exportadoras, assim consideradas aquelas cuja receita bruta decorrente de exportação para o exterior, no ano anterior à adesão ao regime, seja igual ou superior à metade de sua receita bruta total.

Comparativo entre a Medida Provisória nº 627/2013 e a Lei nº 12.973/2014

Em 14 de maio de 2014, foi publicada no *DOU* a Lei nº 12.973, de 13 de maio de 2014, a qual é fruto da conversão, com emendas parlamentares, da Medida Provisória nº 627/2013.

Essa lei, entre outras providências, altera a legislação tributária federal e, no que interessa ao tema deste capítulo, apresenta modificações no tocante às contribuições para o PIS e a Cofins.

Destaque-se que a Lei nº 12.973/2014 não se limitou a reproduzir o que já se encontra previsto na Medida Provisória nº 627/2013, tendo introduzido uma série de modificações que não estavam previstas originalmente nesta última.

Segundo o último dispositivo da Lei nº 12.973/2014, na forma de seu art. 119, essa lei entrou em vigor a partir de 1º de janeiro de 2015, com exceção dos arts. 3º, 72-75 e 93-119, que vigeram a partir da data da publicação da lei (ou seja, no dia 14 de maio de 2014).[128]

Como alternativa, a mencionada lei permite que o contribuinte opte por aplicar a novel legislação a partir do ano-calendário de 2014, na forma dos §§ 1º e 2º do art. 119. Note que os dois parágrafos do mencionado dispositivo apresentam duas independentes opções a serem exercidas pelo sujeito passivo, senão vejamos:

> Art. 119. Esta Lei entra em vigor em 1º de janeiro de 2015, exceto os arts. 3º, 72 a 75 e 93 a 119, que entram em vigor na data de sua publicação.
> § 1º. Aos contribuintes que fizerem a opção prevista no art. 75, aplicam-se, a partir de 1º de janeiro de 2014:
> I - os arts. 1º e 2º e 4º a 70; e
> II - as revogações previstas nos incisos I a VI, VIII e X do *caput* do art. 117.
> § 2º. Aos contribuintes que fizerem a opção prevista no art. 96, aplicam-se, a partir de 1º de janeiro de 2014:
> I - os arts. 76 a 92; e
> II - as revogações previstas nos incisos VII e IX do *caput* do art. 117.

A seguir, tem-se um quadro que pretende facilitar a análise e a compreensão comparativa entre os dispositivos da Medida Provisória nº 627/2013 e os da Lei nº 12.973/2014.

---

[128] Logicamente, os efeitos produzidos pela Medida Provisória nº 627/2013 ficam salvaguardados.

Quadro 2
COMPARATIVO ENTRE A MEDIDA PROVISÓRIA Nº 627/2013 E A LEI Nº 12.973/2014

Alteração trazida pela MP nº 627/2013	Alteração trazida pela Lei nº 12.973/2014
Art. 49. A Lei nº 9.718, de 27 de novembro de 1998, passa a vigorar com as seguintes alterações: (Vigência)	**Art. 52.** A Lei nº 9.718, de 27 de novembro de 1998, passa a vigorar com as seguintes alterações:
"Art. 3º. O faturamento a que se refere o art. 2º compreende a receita bruta de que trata o art. 12 do Decreto-Lei nº 1.598, de 26 de dezembro de 1977.	"Art. 3º. O faturamento a que se refere o art. 2º compreende a receita bruta de que trata o art. 12 do Decreto-Lei nº 1.598, de 26 de dezembro de 1977. ....
§ 2º.	§ 2º. ....
I - as vendas canceladas e os descontos incondicionais concedidos; II - as reversões de provisões e recuperações de créditos baixados como perda, que não representem ingresso de novas receitas e *os lucros e dividendos derivados de investimentos avaliados pelo custo de aquisição*, que tenham sido computados como receita;	I - as vendas canceladas e os descontos incondicionais concedidos; II - as reversões de provisões e recuperações de créditos baixados como perda, que não representem ingresso de novas receitas, *o resultado positivo da avaliação de investimento pelo valor do patrimônio líquido e os lucros e dividendos derivados de participações societárias*, que tenham sido computados como receita bruta; ....
Não alterou o inciso IV do § 2º do art. 3º da Lei nº 9.718/1998.	IV - a receita decorrente da venda de bens classificados no ativo não circulante que tenha sido computada como receita bruta; ....
Não alterou o inciso VI do § 2º do art. 3º da Lei nº 9.718/1998.	VI - a receita reconhecida pela construção, recuperação, ampliação ou melhoramento da infraestrutura, cuja contrapartida seja ativo intangível representativo de direito de exploração, no caso de contratos de concessão de serviços públicos. ....
§ 13. A contribuição incidente na hipótese de contratos, com prazo de execução superior a um ano, de construção por empreitada ou de fornecimento, a preço predeterminado, de bens ou serviços a serem produzidos, será calculada sobre a receita apurada de acordo com os critérios de reconhecimento adotados pela legislação do imposto sobre a renda, previstos para a espécie de operação."	§ 13. A contribuição incidente na hipótese de contratos, com prazo de execução superior a 1 (um) ano, de construção por empreitada ou de fornecimento, a preço predeterminado, de bens ou serviços a serem produzidos será calculada sobre a receita apurada de acordo com os critérios de reconhecimento adotados pela legislação do imposto sobre a renda, previstos para a espécie de operação."

Continua

Alteração trazida pela MP nº 627/2013	Alteração trazida pela Lei nº 12.973/2014
Art. 50. A Lei nº 10.865, de 2004, passa a vigorar com as seguintes alterações:	**Art. 53.** A Lei nº 10.865, de 30 de abril de 2004, passa a vigorar com as seguintes alterações:
"Art. 15. .... § 13. No cálculo do crédito de que trata o inciso V do *caput*: I - os valores decorrentes do ajuste a valor presente de que trata o inciso III do *caput* do art. 184 da Lei nº 6.404, de 15 de dezembro de 1976, poderão ser considerados como parte integrante do custo ou valor de aquisição; e II - não serão computados os ganhos e perdas decorrentes de avaliação de ativo com base no valor justo. § 14. O disposto no inciso V do *caput* não se aplica no caso de bem objeto de arrendamento mercantil, na pessoa jurídica arrendatária." "Art. 27. .... § 3º. O disposto no § 2º não se aplica aos valores decorrentes do ajuste a valor presente de que trata o inciso VIII do *caput* do art. 183 da Lei nº 6.404, de 1976."	"Art. 15. .... § 13. No cálculo do crédito de que trata o inciso V do *caput*: I - os valores decorrentes do ajuste a valor presente de que trata o inciso III do *caput* do art. 184 da Lei nº 6.404, de 15 de dezembro de 1976, poderão ser considerados como parte integrante do custo ou valor de aquisição; e II - não serão computados os ganhos e perdas decorrentes de avaliação de ativo com base no valor justo. § 14. O disposto no inciso V do *caput* não se aplica no caso de bem objeto de arrendamento mercantil, na pessoa jurídica arrendatária." "Art. 27. .... § 3º. O disposto no § 2º não se aplica aos valores decorrentes do ajuste a valor presente de que trata o inciso VIII do *caput* do art. 183 da Lei nº 6.404, de 15 de dezembro de 1976."
Art. 51. A Lei nº 10.637, de 2002, passa a vigorar com as seguintes alterações:	**Art. 54.** A Lei nº 10.637, de 30 de dezembro de 2002, passa a vigorar com as seguintes alterações:
"Art. 1º. A Contribuição para o PIS/Pasep, com a incidência não cumulativa, incide sobre o total das receitas auferidas no mês pela pessoa jurídica, independentemente de sua denominação ou classificação contábil.	"Art. 1º. A Contribuição para o PIS/Pasep, com a incidência não cumulativa, incide sobre o total das receitas auferidas no mês pela pessoa jurídica, independentemente de sua denominação ou classificação contábil.

Continua

Alteração trazida pela MP nº 627/2013	Alteração trazida pela Lei nº 12.973/2014
§ 1º. Para efeito do disposto neste artigo, o total das receitas compreende a receita bruta de que trata o art. 12 do Decreto-Lei nº 1.598, de 26 de dezembro de 1977, e todas as demais receitas auferidas pela pessoa jurídica com os seus respectivos valores decorrentes do ajuste a valor presente de que trata o inciso VIII do *caput* do art. 183 da Lei nº 6.404, de 15 de dezembro de 1976.	§ 1º. Para efeito do disposto neste artigo, o total das receitas compreende a receita bruta de que trata o art. 12 do Decreto-Lei nº 1.598, de 26 de dezembro de 1977, e todas as demais receitas auferidas pela pessoa jurídica com os respectivos valores decorrentes do ajuste a valor presente de que trata o inciso VIII do *caput* do art. 183 da Lei nº 6.404, de 15 de dezembro de 1976.
§ 2º. A base de cálculo da Contribuição para o PIS/Pasep é o total das receitas auferidas pela pessoa jurídica, conforme definido no *caput* e no § 1º.	§ 2º. A base de cálculo da Contribuição para o PIS/Pasep é o total das receitas auferidas pela pessoa jurídica, conforme definido no *caput* e no § 1º.
§ 3º.	§ 3º. ....
	V - ....
Não houve alteração no inciso V do § 3º do art. 1º da Lei nº 10.637, de 2002.	*b) reversões de provisões e recuperações de créditos baixados como perda, que não representem ingresso de novas receitas, o resultado positivo da avaliação de investimentos pelo valor do patrimônio líquido e os lucros e dividendos derivados de participações societárias, que tenham sido computados como receita;*
VI - de que trata o inciso IV do *caput* do art. 187 da Lei nº 6.404, de 1976, decorrentes da venda de bens do ativo não circulante, classificado como investimento, imobilizado ou intangível;	VI - de que trata o inciso IV do *caput* do art. 187 da Lei nº 6.404, de 15 de dezembro de 1976, decorrentes da venda de bens do ativo não circulante, classificado como investimento, imobilizado ou intangível;
....	....
VIII - financeiras decorrentes do ajuste a valor presente de que trata o inciso VIII do *caput* do art. 183 da Lei nº 6.404, de 1976, referentes a receitas excluídas da base de cálculo da Contribuição para o PIS/Pasep;	VIII - financeiras decorrentes do ajuste a valor presente de que trata o inciso VIII do *caput* do art. 183 da Lei nº 6.404, de 15 de dezembro de 1976, referentes a receitas excluídas da base de cálculo da Contribuição para o PIS/Pasep;

Continua

Alteração trazida pela MP nº 627/2013	Alteração trazida pela Lei nº 12.973/2014
IX - relativas aos ganhos decorrentes de avaliação de ativo e passivo com base no valor justo;	IX - relativas aos ganhos decorrentes de avaliação de ativo e passivo com base no valor justo;
X - de subvenções para investimento, inclusive mediante isenção ou redução de impostos, concedidas como estímulo à implantação ou expansão de empreendimentos econômicos, e de doações feitas pelo poder público;	X - de subvenções para investimento, inclusive mediante isenção ou redução de impostos, concedidas como estímulo à implantação ou expansão de empreendimentos econômicos e de doações feitas pelo poder público;
XI - reconhecidas pela construção, recuperação, reforma, ampliação ou melhoramento da infraestrutura, cuja contrapartida seja ativo intangível representativo de direito de exploração, no caso de contratos de concessão de serviços públicos;	XI - reconhecidas pela construção, recuperação, reforma, ampliação ou melhoramento da infraestrutura, cuja contrapartida seja ativo intangível representativo de direito de exploração, no caso de contratos de concessão de serviços públicos;
XII - relativas ao valor do imposto que deixar de ser pago em virtude das isenções e reduções de que tratam as alíneas 'a', 'b', 'c' e 'e' do § 1º do art. 19 do Decreto-Lei nº 1.598, de 1977; e	XII - relativas ao valor do imposto que deixar de ser pago em virtude das isenções e reduções de que tratam as alíneas 'a', 'b', 'c' e 'e' do § 1º do art. 19 do Decreto-Lei nº 1.598, de 26 de dezembro de 1977; e
XIII - relativas ao prêmio na emissão de debêntures."	XIII - relativas ao prêmio na emissão de debêntures."
"Art. 3º.	"Art. 3º. ....
Não houve alteração no inciso XI do art. 3º da Lei nº 10.637, de 2002.	*XI - bens incorporados ao ativo intangível, adquiridos para utilização na produção de bens destinados a venda ou na prestação de serviços.*
	§ 1º. ....
Não houve alteração no inciso III do § 1º do art. 3º da Lei nº 10.637, de 2002.	*III - dos encargos de depreciação e amortização dos bens mencionados nos incisos VI, VII e XI do caput, incorridos no mês;*
	....
§ 17. No cálculo do crédito de que tratam os incisos do *caput*, poderão ser considerados os valores decorrentes do ajuste a valor presente de que trata o inciso III do *caput* do art. 184 da Lei nº 6.404, de 1976.	§ 17. No cálculo do crédito de que tratam os incisos do *caput*, poderão ser considerados os valores decorrentes do ajuste a valor presente de que trata o inciso III do *caput* do art. 184 da Lei nº 6.404, de 15 de dezembro de 1976.

Continua

Alteração trazida pela MP nº 627/2013	Alteração trazida pela Lei nº 12.973/2014
§ 18. O disposto nos incisos VI e VII do *caput* não se aplica no caso de bem objeto de arrendamento mercantil, na pessoa jurídica arrendatária.	§ 18. O disposto nos incisos VI e VII do *caput* não se aplica no caso de bem objeto de arrendamento mercantil, na pessoa jurídica arrendatária.
§ 19. Para fins do disposto nos incisos VI e VII do *caput*, fica vedado o desconto de quaisquer créditos calculados em relação a:	§ 19. Para fins do disposto nos incisos VI e VII do *caput*, fica vedado o desconto de quaisquer créditos calculados em relação a:
I - encargos associados a empréstimos registrados como custo na forma da alínea 'b' do § 1º do art. 17 do Decreto-Lei nº 1.598, de 1977; e	I - encargos associados a empréstimos registrados como custo na forma da alínea 'b' do § 1º do art. 17 do Decreto-Lei nº 1.598, de 26 de dezembro de 1977; e
II - custos estimados de desmontagem e remoção do imobilizado e de restauração do local em que estiver situado.	II - custos estimados de desmontagem e remoção do imobilizado e de restauração do local em que estiver situado.
§ 20. No cálculo dos créditos a que se referem os incisos VI e VII do *caput*, não serão computados os ganhos e perdas decorrentes de avaliação de ativo com base no valor justo.	§ 20. No cálculo dos créditos a que se referem os incisos VI e VII do *caput*, não serão computados os ganhos e perdas decorrentes de avaliação de ativo com base no valor justo.
§ 21. Na execução de contratos de concessão de serviços públicos, os créditos gerados pelos serviços de construção, recuperação, reforma, ampliação ou melhoramento de infraestrutura, quando a receita correspondente tiver contrapartida em ativo intangível representativo de direito de exploração, *somente poderão ser aproveitados à medida que o ativo intangível for amortizado, excetuado o crédito previsto no inciso VI do art. 3º.*"	§ 21. Na execução de contratos de concessão de serviços públicos, os créditos gerados pelos serviços de construção, recuperação, reforma, ampliação ou melhoramento de infraestrutura, quando a receita correspondente tiver contrapartida em ativo intangível, representativo de direito de exploração, *ou em ativo financeiro, somente poderão ser aproveitados, no caso do ativo intangível, à medida que este for amortizado e, no caso do ativo financeiro, na proporção de seu recebimento, excetuado, para ambos os casos, o crédito previsto no inciso VI do* caput
Não havia previsão de inclusão do § 22 no art. 3º da Lei nº 10.637/2002.	§ 22. O disposto no inciso XI do *caput* não se aplica ao ativo intangível referido no § 21."
	"Art. 8º. ....
No projeto de lei de conversão, foi incluída a previsão de que às sociedades regulamentadas pela Lei nº 8.906/1994, ficassem excluídas do recolhimento da contribuição para o PIS sob a sistemática não cumulativa, o que foi vetado pela presidente da República.	X. (VETADO);" ....

Continua

Alteração trazida pela MP nº 627/2013	Alteração trazida pela Lei nº 12.973/2014
Art. 52. A Lei nº 10.833, de 2003, passa a vigorar com as seguintes alterações:	**Art. 55.** A Lei nº 10.833, de 29 de dezembro de 2003, passa a vigorar com as seguintes alterações:
"Art. 1º. A Contribuição para o Financiamento da Seguridade Social – COFINS, com a incidência não cumulativa, incide sobre o total das receitas auferidas no mês pela pessoa jurídica, independentemente de sua denominação ou classificação contábil.	"Art. 1º. A Contribuição para o Financiamento da Seguridade Social – Cofins, com a incidência não cumulativa, incide sobre o total das receitas auferidas no mês pela pessoa jurídica, independentemente de sua denominação ou classificação contábil.
§ 1º. Para efeito do disposto neste artigo, o total das receitas compreende a receita bruta de que trata o art. 12 do Decreto-Lei nº 1.598, de 26 de dezembro de 1977, e todas as demais receitas auferidas pela pessoa jurídica com os seus respectivos valores decorrentes do ajuste a valor presente de que trata o inciso VIII do art. 183 da Lei nº 6.404, de 15 de dezembro de 1976.	§ 1º. Para efeito do disposto neste artigo, o total das receitas compreende a receita bruta de que trata o art. 12 do Decreto-Lei nº 1.598, de 26 de dezembro de 1977, e todas as demais receitas auferidas pela pessoa jurídica com os seus respectivos valores decorrentes do ajuste a valor presente de que trata o inciso VIII do *caput* do art. 183 da Lei nº 6.404, de 15 de dezembro de 1976.
§ 2º. A base de cálculo da COFINS é o total das receitas auferidas pela pessoa jurídica, conforme definido no *caput* e no § 1º.	§ 2º. A base de cálculo da Cofins é o total das receitas auferidas pela pessoa jurídica, conforme definido no *caput* e no § 1º.
§ 3º.	§ 3º. ....
II - de que trata o inciso IV do *caput* do art. 187 da Lei nº 6.404, de 1976, decorrentes da venda de bens do ativo não circulante, classificado como investimento, imobilizado ou intangível;	II - de que trata o inciso IV do *caput* do art. 187 da Lei nº 6.404, de 1976, decorrentes da venda de bens do ativo não circulante, classificado como investimento, imobilizado ou intangível;
....	....
	V - ....
Não havia previsão da alteração na alínea "b" do inciso V do § 3º do art. 1º da Lei nº 10.833, de 2003.	b) reversões de provisões e recuperações de créditos baixados como perda que não representem ingresso de novas receitas, o resultado positivo da avaliação de investimentos pelo valor do patrimônio líquido e os lucros e dividendos derivados de participações societárias, que tenham sido computados como receita; ....

Continua

Alteração trazida pela MP nº 627/2013	Alteração trazida pela Lei nº 12.973/2014
VII - financeiras decorrentes do ajuste a valor presente de que trata o inciso VIII do *caput* do art. 183 da Lei nº 6.404, de 1976, referentes a receitas excluídas da base de cálculo da COFINS;	VII - financeiras decorrentes do ajuste a valor presente de que trata o inciso VIII do *caput* do art. 183 da Lei nº 6.404, de 15 de dezembro de 1976, referentes a receitas excluídas da base de cálculo da Cofins;
VIII - relativas aos ganhos decorrentes de avaliação do ativo e passivo com base no valor justo;	VIII - relativas aos ganhos decorrentes de avaliação do ativo e passivo com base no valor justo;
IX - de subvenções para investimento, inclusive mediante isenção ou redução de impostos, concedidas como estímulo à implantação ou expansão de empreendimentos econômicos e de doações feitas pelo Poder Público;	IX - de subvenções para investimento, inclusive mediante isenção ou redução de impostos, concedidas como estímulo à implantação ou expansão de empreendimentos econômicos e de doações feitas pelo poder público;
X - reconhecidas pela construção, recuperação, reforma, ampliação ou melhoramento da infraestrutura, cuja contrapartida seja ativo intangível representativo de direito de exploração, no caso de contratos de concessão de serviços públicos;	X - reconhecidas pela construção, recuperação, reforma, ampliação ou melhoramento da infraestrutura, cuja contrapartida seja ativo intangível representativo de direito de exploração, no caso de contratos de concessão de serviços públicos;
XI - relativas ao valor do imposto que deixar de ser pago em virtude das isenções e reduções de que tratam as alíneas 'a', 'b', 'c' e 'e' do § 1º do art. 19 do Decreto-Lei nº 1.598, de 1977; e	XI - relativas ao valor do imposto que deixar de ser pago em virtude das isenções e reduções de que tratam as alíneas 'a', 'b', 'c' e 'e' do § 1º do art. 19 do Decreto-Lei nº 1.598, de 26 de dezembro de 1977; e
XII - relativas ao prêmio na emissão de debêntures."	XII - relativas ao prêmio na emissão de debêntures."
"Art. 3º.	"Art. 3º. ....
Não havia previsão de alteração no inciso XI do art. 3º da Lei nº 10.833, de 2003.	*XI - bens incorporados ao ativo intangível, adquiridos para utilização na produção de bens destinados a venda ou na prestação de serviços.*
Não havia previsão da alteração do inciso III do § 1º do art. 3º, da Lei nº 10.833, de 2003.	§ 1º. .... *III - dos encargos de depreciação e amortização dos bens mencionados nos incisos VI, VII e XI do caput, incorridos no mês;*

Continua

Alteração trazida pela MP nº 627/2013	Alteração trazida pela Lei nº 12.973/2014
§ 25. No cálculo do crédito de que tratam os incisos do *caput*, poderão ser considerados os valores decorrentes do ajuste a valor presente de que trata o inciso III do *caput* do art. 184 da Lei nº 6.404, de 1976.	§ 25. No cálculo do crédito de que tratam os incisos do *caput*, poderão ser considerados os valores decorrentes do ajuste a valor presente de que trata o inciso III do *caput* do art. 184 da Lei nº 6.404, de 15 de dezembro de 1976.
§ 26. O disposto nos incisos VI e VII do *caput* não se aplica no caso de bem objeto de arrendamento mercantil, na pessoa jurídica arrendatária.	§ 26. O disposto nos incisos VI e VII do *caput* não se aplica no caso de bem objeto de arrendamento mercantil, na pessoa jurídica arrendatária.
§ 27. Para fins do disposto nos incisos VI e VII do *caput*, fica vedado o desconto de quaisquer créditos calculados em relação a:	§ 27. Para fins do disposto nos incisos VI e VII do *caput*, fica vedado o desconto de quaisquer créditos calculados em relação a:
I - encargos associados a empréstimos registrados como custo na forma da alínea 'b' do § 1º do art. 17 do Decreto-Lei nº 1.598, de 1977; e	I - encargos associados a empréstimos registrados como custo na forma da alínea 'b' do § 1º do art. 17 do Decreto-Lei nº 1.598, de 1977; e
II - custos estimados de desmontagem e remoção do imobilizado e de restauração do local em que estiver situado.	II - custos estimados de desmontagem e remoção do imobilizado e de restauração do local em que estiver situado.
§ 28. No cálculo dos créditos a que se referem os incisos VI e VII do *caput*, não serão computados os ganhos e perdas decorrentes de avaliação de ativo com base no valor justo.	§ 28. No cálculo dos créditos a que se referem os incisos VI e VII do *caput*, não serão computados os ganhos e perdas decorrentes de avaliação de ativo com base no valor justo.
§ 29. Na execução de contratos de concessão de serviços públicos, os créditos gerados pelos serviços de construção, recuperação, reforma, ampliação ou melhoramento de infraestrutura, quando a receita correspondente tiver contrapartida em ativo intangível representativo de direito de exploração, *somente poderão ser aproveitados à medida que o ativo intangível for amortizado, excetuado o crédito previsto no inciso VI do* caput *do art. 3º.*"	§ 29. Na execução de contratos de concessão de serviços públicos, os créditos gerados pelos serviços de construção, recuperação, reforma, ampliação ou melhoramento de infraestrutura, quando a receita correspondente tiver contrapartida em ativo intangível, representativo de direito de exploração, *ou em ativo financeiro, somente poderão ser aproveitados, no caso do ativo intangível, à medida que este for amortizado e, no caso do ativo financeiro, na proporção de seu recebimento, excetuado, para ambos os casos, o crédito previsto no inciso VI do* caput.
Não havia previsão de inclusão do § 30 ao art. 3º da Lei nº 10.833, de 2003.	§ 30. O disposto no inciso XI do caput não se aplica ao ativo intangível referido no § 29." (NR)

Continua

Alteração trazida pela MP nº 627/2013	Alteração trazida pela Lei nº 12.973/2014
No projeto de lei de conversão, foi incluída a previsão de que às sociedades regulamentadas pela Lei nº 8.906, de 1994, ficassem excluídas do recolhimento da contribuição para o PIS sob a sistemática não cumulativa, o que foi vetado pela presidente da República.	"Art. 10. .... XIII - .... a) (VETADO); ....
Não havia previsão de alteração para ampliação do prazo previsto no inciso XX do art. 10 da Lei nº 10.833, de 2003.	XX - as receitas decorrentes da execução por administração, empreitada ou subempreitada, de obras de construção civil, incorridas até o ano de 2019, inclusive;"
Não havia tal previsão na Medida Provisória nº 627, de 2013, tratando-se de inovação trazida pela Lei nº 12.793/2014.	**Art. 56.** No caso de contrato de concessão de serviços públicos, a receita decorrente da construção, recuperação, reforma, ampliação ou melhoramento da infraestrutura, cuja contrapartida seja ativo financeiro representativo de direito contratual incondicional de receber caixa ou outro ativo financeiro, integrará a base de cálculo da contribuição para o PIS/Pasep e da Cofins, à medida do efetivo recebimento.
Art. 53. No caso de operação de arrendamento mercantil não sujeita ao tratamento tributário previsto na Lei nº 6.099, de 1974, em que haja transferência substancial dos riscos e benefícios inerentes à propriedade do ativo, o valor da contraprestação deverá ser computado na base de cálculo da Contribuição para o PIS/Pasep e da Cofins pela pessoa jurídica arrendadora.	**Art. 57.** No caso de operação de arrendamento mercantil não sujeita ao tratamento tributário previsto na previsto na Lei nº 6.099, de 12 de setembro de 1974, em que haja transferência substancial dos riscos e benefícios inerentes à propriedade do ativo, o valor da contraprestação deverá ser computado na base de cálculo da Contribuição para o PIS/Pasep e da Cofins pela pessoa jurídica arrendadora.
Parágrafo único. As pessoas jurídicas sujeitas ao regime de tributação de que tratam as Leis nº 10.637, de 2002, e nº 10.833, de 2003, poderão descontar créditos calculados sobre o valor do custo de aquisição ou construção dos bens arrendados proporcionalmente ao valor de cada contraprestação durante o período de vigência do contrato.	Parágrafo único. As pessoas jurídicas sujeitas ao regime de tributação de que tratam as Leis nº 10.637, de 30 de dezembro de 2002, e nº 10.833, de 29 de dezembro de 2003, poderão descontar créditos calculados sobre o valor do custo de aquisição ou construção dos bens arrendados proporcionalmente ao valor de cada contraprestação durante o período de vigência do contrato.

Questões de automonitoramento

1) Após ler este capítulo, você é capaz de resumir o caso gerador do capítulo 4, identificando as partes envolvidas, os problemas atinentes e as soluções cabíveis?
2) Discorra sobre a base de cálculo do PIS e da Cofins e sua convivência no ordenamento jurídico brasileiro.
3) Como se resolveu a discussão sobre o conceito de faturamento alargado pela Lei nº 9.718, de 27 de novembro de 1998?
4) Qual a diferença do conceito de insumo para o IPI e para o PIS/Cofins?
5) Pense e descreva, mentalmente, alternativas para a solução do caso gerador do capítulo 4.

2

Contribuições de intervenção no domínio econômico

Roteiro de estudo

Considerações preliminares

As contribuições de intervenção no domínio econômico (Cides) têm papel relevante no âmbito de nosso ordenamento jurídico tributário, mormente porque nosso "País apresenta um perfil todo peculiar em termos de exigências pecuniárias compulsórias a título de contribuições. A minudência com que a Constituição disciplina a figura é peculiaridade exclusivamente brasileira".[129]

As Cides estão previstas no art. 149 da CRFB/1988, tendo sido concedida à União a competência para a instituição desse tributo, *verbis*:

---

[129] GRECO, Marco Aurélio. Contribuições de intervenção no domínio econômico – perfil constitucional: elementos para um modelo de controle. In: GOMES, Marcus Lívio; ANTONELLI, Leonardo Pietro (Coord.). *Curso de direito tributário brasileiro*. 2. ed. esp. São Paulo: Quartier Latin, 2010. v. 2.

Art. 149. Compete exclusivamente à União instituir contribuições sociais, de intervenção no domínio econômico e de interesse das categorias profissionais ou econômicas, como instrumento de sua atuação nas respectivas áreas, observado o disposto nos arts. 146, III, e 150, I e III, e sem prejuízo do previsto no art. 195, § 6º, relativamente às contribuições a que alude o dispositivo.

Tais contribuições funcionam como instrumento de regulação da economia em razão da atribuição constitucionalmente conferida à União de atuar como agente normativo e regulador da atividade econômica, devendo exercer as funções de fiscalização, incentivo e planejamento, sendo este último determinante para o setor público e indicativo para o setor privado (art. 174 da CRFB/1988).

Assim, são exigências que se qualificam pela finalidade visada com sua instituição. Elas existem não porque algo ocorreu, mas para que algo se obtenha. Um dos parâmetros da instituição da contribuição é a definição de uma parcela do domínio econômico, que atuará como critério de circunscrição da sua aplicação, inclusive no que se refere aos respectivos contribuintes. A finalidade da instituição da contribuição constitui seu critério de validação e, nesse sentido, como nos esclarece Roque Antonio Carrazza,[130] existe a necessidade, portanto, de verificar uma correlação lógica entre as causas e fundamentos da intervenção no domínio econômico e a instituição do tributo, porquanto tais causas e fundamentos é que justificam a própria instituição da contribuição de natureza interventiva.

A rigor, a Cide não pode ser utilizada simplesmente como um instrumento de arrecadação de meios financeiros, mas sim

---

[130] CARRAZZA, Roque Antonio. *Curso de direito constitucional tributário*. 19. ed. 2. tir. São Paulo: Malheiros, 2003. p. 529.

como um instrumento de que se vale o Estado para intervir na economia, dada sua natureza extrafiscal, v.g., para assegurar a livre concorrência, regular o mercado, defender o consumidor, preservar o meio ambiente ou mesmo para garantir a participação dos estados, municípios e do Distrito Federal no resultado da exploração de recursos minerais nos seus respectivos territórios.

É de se notar que a eventual utilização de uma Cide para outros fins que não o interventivo configura desvio de finalidade em manifesta violação do Texto Fundamental. A propósito, os comentários de Hugo de Brito Machado Segundo:[131]

> A Cide é espécie de tributo de usos excepcional e temporário, que se caracteriza por sua finalidade, qual seja, a de servir como instrumento da intervenção da União Federal em setores descompassados ou desregulados do mercado, nos quais referido descompasso esteja inviabilizando a livre iniciativa ou outros princípios com os quais esta deva conviver equilibradamente. A intervenção realizada pela Cide deve ocorrer tanto através de sua incidência, de forma extrafiscal, como através do custeio de órgão estatal incumbido dessa intervenção. Finalmente, referida contribuição não se pode prestar como instrumento arrecadatório, tampouco representar invasão direta ou indireta na competência tributária de outros entes federados.

> Destaque-se, ainda, que
>
> a lei que institui uma contribuição de intervenção no domínio econômico há de definir sua hipótese de incidência no estrito

---

[131] MACHADO SEGUNDO, Hugo de Brito. Contribuições de intervenção no domínio econômico. In: MARTINS, Ives Gandra da Silva (Coord.). *Contribuições de intervenção no domínio econômico*. São Paulo: Centro de Extensão Universitária, 2002. p. 320. Edição 8 de Pesquisas Tributárias.

campo da atividade econômica na qual vai atuar como instrumento de intervenção estatal. E há de indicar expressamente a destinação dos recursos a serem arrecadados, que evidentemente não pode ultrapassar o âmbito da atividade interventiva.[132]

Por fim, cabe destacar que a Contribuição de Intervenção no Domínio Econômico não se sujeita à reserva de lei complementar, podendo sua criação ser feita por lei ordinária federal, uma vez que o tributo é de competência exclusiva da União.

Natureza jurídica e especificidades das contribuições de intervenção no domínio econômico

Conforme se depreende da leitura do art. 149 da CRFB/1988, aplicam-se às contribuições de intervenção no domínio econômico as disposições constitucionais previstas nos arts. 146, III, e 150, I e III, sujeitando-as, portanto, à disciplina normativa do Código Tributário Nacional (CTN) e, notadamente, aos princípios da legalidade, da irretroatividade da lei tributária e da anterioridade plena.[133]

A menção ao art. 146, III, da CRFB/1988 suscitou divergências acerca da reserva ou não de lei complementar para a definição dos fatos geradores das Cides, mas o Supremo Tribunal Federal (STF) já firmou o entendimento pretoriano de que se

---

[132] MACHADO, Hugo de Brito. *Curso de direito tributário*. 21. ed. rev. atual. e ampl. São Paulo: Malheiros, 2002. p. 365.
[133] As Cides devem observar o princípio da anterioridade de forma plena, ou seja, conjugado com os 90 dias a que diz respeito a alínea "c" do inciso III do art. 150, considerando que a anterioridade nonagesimal simples se aplica apenas às contribuições sociais mencionadas no art. 195 da CRFB/1988. De toda forma, há exceção ao princípio da anterioridade no tocante à Cide-combustíveis, considerando que existe a possibilidade de alteração de alíquotas pelo Executivo, na forma do art. 177, § 4º, I, "b", da CRFB/1988, sem que se precise respeitar o princípio da não surpresa.

mostra dispensável a edição de lei complementar para instituição dessa espécie tributária.[134]

No que tange ao aspecto material das contribuições em relevo, o art. 149 da CRFB/1988 não define uma materialidade concreta das Cides, considerando que elas são criadas com base numa finalidade, sendo inclusive possível, em tese, que tenham uma base de cálculo similar à de um imposto ou taxa de polícia. É nesse sentido a jurisprudência do Pretório Excelso:

> EMENTA. AGRAVO REGIMENTAL NO AGRAVO DE INSTRUMENTO. CONTRIBUIÇÕES DE INTERVENÇÃO NO DOMÍNIO ECONÔMICO E DE INTERESSE DAS CATEGORIAS PROFISSIONAIS. CRIAÇÃO. DISPENSABILIDADE DE LEI COMPLEMENTAR. O Supremo Tribunal Federal fixou entendimento no sentido da dispensabilidade de lei complementar para a criação das contribuições de intervenção no domínio econômico e de interesse das categorias profissionais. Precedente. Agravo regimental a que se nega provimento.[135]

Ainda sobre o aspecto material, a base de cálculo de tais exações está disciplinada no art. 149, § 2º, da CRFB/1988, que define as situações que podem ou não compor a hipótese de incidência de uma Cide. Vejamos:

> Art. 149. [...]
> 2º As contribuições sociais e de intervenção no domínio econômico de que trata o *caput* deste artigo:
> I - não incidirão sobre as receitas decorrentes de exportação;

---

[134] BRASIL. Supremo Tribunal Federal. Segunda Turma. RE nº 492.353 AgR. Relatora: ministra Ellen Gracie. Julgamento em 22 de fevereiro de 2011. *DJe*, 15 mar. 2011.
[135] BRASIL. Supremo Tribunal Federal. Segunda Turma. AI nº 739.715 AgR. Relator: ministro. Eros Grau. Julgamento em 26 de maio de 2009. *DJe*, 19 jun. 2009.

II - incidirão também sobre a importação de produtos estrangeiros ou serviços;

III - poderão ter alíquotas:

a) *ad valorem*, tendo por base o faturamento, a receita bruta ou o valor da operação e, no caso de importação, o valor aduaneiro;

b) específica, tendo por base a unidade de medida adotada.

Assunto que merece destaque diz respeito à questão da correlação que deve haver entre a base impositiva de uma Cide e sua destinação ou finalidade. Isso porque o art. 149 da CRFB/1988 é expresso no sentido de que a Contribuição de Intervenção no Domínio Econômico é instrumento de atuação da União *nas respectivas áreas*, ou seja, atribui certo grau de referibilidade, de correspondência econômica entre aqueles apontados pela lei como vinculados à obrigação e as atividades que serão desenvolvidas pelo Estado na consecução da ação interventiva.

O tema se encontra sob a apreciação STF no bojo do RE nº 630.898/RS, ao qual foi inclusive reconhecida repercussão geral,[136] mas ainda pende de julgamento de mérito.

De toda forma, o que se pode sustentar minimamente é a necessidade de que os contribuintes das Cides estejam ligados ao setor da economia que sofrerá a intervenção estatal.

Nos termos do art. 149, §§ 2º e 4º, da Constituição, as Cides:

1) não incidirão sobre as receitas decorrentes de exportação;
2) incidirão sobre a importação de produtos estrangeiros ou serviços;

---

[136] "EMENTA. DIREITO TRIBUTÁRIO. CONTRIBUIÇÃO DESTINADA AO INCRA. REFERIBILIDADE. RECEPÇÃO PELA CF/88. EMENDA CONSTITUCIONAL Nº 33/01. NATUREZA JURÍDICA. EXISTÊNCIA DE REPERCUSSÃO GERAL. Decisão: O Tribunal reconheceu a existência de repercussão geral da questão constitucional suscitada. Não se manifestaram os ministros Gilmar Mendes, Ricardo Lewandowski e Cármen Lúcia" (BRASIL. Supremo Tribunal Federal. RE nº 630.898 RG/RS. Relator: ministro Dias Toffoli. Julgamento em 3 de novembro de 2011. Acórdão eletrônico. *DJe*, 28 jun. 2012).

3) poderão ter alíquotas:
   a) *ad valorem*, tendo por base o faturamento, a receita bruta ou o valor da operação e, no caso de importação, o valor aduaneiro;
   b) *específica*, tendo por base a unidade de medida adotada;
4) poderão incidir uma única vez, conforme a estipulação prevista em lei.

Algumas contribuições de intervenção no domínio econômico

Adicional ao Frete para Renovação da Marinha Mercante

O Adicional ao Frete para Renovação da Marinha Mercante (AFRMM) tem previsão no Decreto-Lei nº 2.404/1987[137] e tem por objetivo atender aos encargos da intervenção da União nas atividades de navegação mercante, seja no próprio desenvolvimento da marinha mercante, seja no da indústria brasileira de construção e de reparação naval.

O STF, no regime constitucional anterior, definiu o AFRMM como contribuição parafiscal, conforme o verbete nº 553 de sua Súmula, *verbis*:

> O Adicional ao Frete para Renovação da Marinha Mercante (AFRMM) é contribuição parafiscal, não sendo abrangido pela imunidade prevista na letra "d", inciso III, do art. 19, da Constituição Federal.

---

[137] É relevante consignar que tal diploma foi derrogado quase que em sua totalidade pelo inciso I do art. 55 da Lei nº 10.893/2004, remanescendo vigentes, apenas, seus arts. 1º e 7º. Da mesma forma, vale registrar que o Decreto nº 5.269/2004 dispõe, dentre outras matérias, sobre a competência do Conselho Diretor do Fundo da Marinha Mercante (CDFMM) para supervisionar a arrecadação do Adicional ao Frete para Renovação da Marinha Mercante (AFRMM), a partilha e a destinação de seu produto.

Segundo o art. 3º da Lei nº 10.893/2004, o AFRMM constitui fonte básica do Fundo da Marinha Mercante (FMM), enquanto o art. 5º da mesma norma preceitua que tal contribuição incide sobre o frete, que é a remuneração do transporte aquaviário[138] da carga de qualquer natureza descarregada em porto brasileiro.

O AFRMM tem como fato gerador o início efetivo da operação de descarregamento da embarcação em porto brasileiro, sendo que não incide sobre a navegação fluvial e lacustre – exceto sobre cargas de granéis líquidos, transportadas no âmbito das regiões Norte e Nordeste.

A base de cálculo desse tributo é o preço do serviço de frete, o que leva alguns autores[139] a sustentar que há identidade de fato gerador e base de cálculo com o ICMS e o ISS. Entretanto, a controvérsia foi dirimida pelo STF, quando do julgamento do RE nº 165.939/RS, entendendo-se pela perfeita compatibilidade do AFRMM com a Constituição da República de 1988, como se pode depreender na ementa a seguir colacionada:

> EMENTA. CONSTITUCIONAL. TRIBUTÁRIO. ADICIONAL AO FRETE PARA RENOVAÇÃO DA MARINHA MERCANTE – AFRMM: CONTRIBUIÇÃO PARAFISCAL OU ESPECIAL DE INTERVENÇÃO NO DOMÍNIO ECONÔMICO. I. – O ADICIONAL AO FRETE PARA RENOVAÇÃO DA MARINHA MERCANTE – AFRMM – é uma contribuição parafiscal ou especial, contribuição de intervenção no domínio econômico, terceiro gênero tributário, distinta do imposto e da taxa. (C.F.,

---

[138] Na forma do que preceitua a Lei nº 10.893/2004, entende-se por remuneração do transporte aquaviário a remuneração para o transporte da carga porto a porto, incluídas todas as despesas portuárias com a manipulação de carga, constantes do conhecimento de embarque ou da declaração do contribuinte, anteriores e posteriores a esse transporte, e outras despesas de qualquer natureza a ele pertinentes.

[139] MELO, José Eduardo Soares de. *Contribuições sociais no sistema tributário*. 4. ed. São Paulo: Malheiros, 2003.

art. 149). II. – O AFRMM não é incompatível com a norma do art. 155, par. 2., IX, da Constituição. Irrelevância, sob o aspecto tributário, da alegação no sentido de que o Fundo da Marinha Mercante teria sido extinto, na forma do disposto no art. 36, ADCT. III. – R.E. Não conhecido.[140]

No julgamento do recurso extraordinário em referência, o STF afastou os argumentos defendidos pelo contribuinte, segundo os quais, em síntese, o AFRMM teria a natureza de imposto, mais especificamente, de imposto sobre serviço de transporte cuja prestação tem início no exterior, o que implicaria invasão da competência tributária privativa dos estados, em ofensa ao art. 155, I, "b", da CRFB/1988 combinado com o art. 34, *caput*, §§ 1º e 5º, do Ato das Disposições Constitucionais Transitórias (ADCT).

Em que pesem tais argumentos, prevaleceu a tese de que o AFRMM foi recepcionado pela Constituição Federal de 1988, coexistindo com o ICMS relativamente a serviços de transporte de bens oriundos de outros países.

Contribuição ao Sebrae

A Lei nº 8.029/1990 instituiu em nosso ordenamento a contribuição para o Serviço de Apoio a Micro e às Pequenas Empresas (Sebrae), com o intuito de contribuir para a execução da política governamental de apoio a micro e pequenas empresas. O art. 8º da referida lei federal estabelece:

> Art. 8º. […]
> § 3º. Para atender à execução das políticas de apoio à micro e às pequenas empresas, de promoção de exportações e de de-

---

[140] BRASIL. Supremo Tribunal Federal. Tribunal Pleno. RE nº 165.939/RS. Relator: ministro Carlos Velloso. Julgamento em 25 de maio de 1995. *DJ*, 30 jun. 1995.

senvolvimento industrial, é instituído adicional às alíquotas das contribuições sociais relativas às entidades de que trata o art. 1º do Decreto-Lei nº 2.318, de 30 de dezembro de 1986, de:
a) um décimo por cento no exercício de 1991;
b) dois décimos por cento em 1992; e
c) três décimos por cento a partir de 1993.

Como se vê, tal contribuição é exigida como um tributo complementar às contribuições para o Serviço Nacional de Aprendizagem Industrial (Senai), para o Serviço Nacional de Aprendizagem Comercial (Senac), para o Serviço Social da Indústria (Sesi) e para o Serviço Social do Comércio (Sesc).

Convém registrar que a natureza jurídica da contribuição para o Sebrae inspira debate, porquanto há quem entenda ser não uma exação de jaez interventivo, e sim uma contribuição integrante do grupo das contribuições corporativas (de interesse das categorias profissionais e econômicas).[141]

Os tribunais superiores comungam do entendimento de que a contribuição ao Sebrae tem natureza jurídica de Cide, como demonstram os precedentes abaixo colacionados:

> EMENTA. CONSTITUCIONAL. TRIBUTÁRIO. CONTRIBUIÇÃO: SEBRAE: CONTRIBUIÇÃO DE INTERVENÇÃO NO DOMÍNIO ECONÔMICO. Lei 8.029, de 12.4.1990, art. 8º, § 3º. Lei 8.154, de 28.12.1990. Lei 10.668, de 14.5.2003. C.F., art. 146, III; art. 149; art. 154, I; art. 195, § 4º. I. As contribuições do art. 149, C.F. – contribuições sociais, de intervenção no domínio econômico e de interesse de categorias profissionais

---

[141] Sobre o tema, ver: OLIVEIRA, José Marcos Domingues de. Contribuição ao Sebrae: questões polêmicas e recentes desdobramentos jurisprudenciais. In: GRECO, Marco Aurélio (Coord.). *Contribuições de intervenção no domínio econômico e figuras afins*. São Paulo: Dialética, 2001.

ou econômicas – posto estarem sujeitas à lei complementar do art. 146, III, C.F., isto não quer dizer que deverão ser instituídas por lei complementar. A contribuição social do art. 195, § 4º, C.F., decorrente de "outras fontes", é que, para a sua instituição, será observada a técnica da competência residual da União: C.F., art. 154, I, ex vi do disposto no art. 195, § 4º. A contribuição não é imposto. Por isso, não se exige que a lei complementar defina a sua hipótese de incidência, a base imponível e contribuintes: C.F., art. 146, III, a. Precedentes: RE 138.284/CE, Ministro Carlos Velloso, RTJ 143/313; RE 146.733/SP, Ministro Moreira Alves, RTJ 143/684. II. A contribuição do SEBRAE – Lei 8.029/90, art. 8º, § 3º, redação das Leis 8.154/1990 e 10.668/2003 – é contribuição de intervenção no domínio econômico, não obstante a lei a ela se referir como adicional às alíquotas das contribuições sociais gerais relativas às entidades de que trata o art. 1º do D.L. 2.318/1986, SESI, SENAI, SESC, SENAC. Não se inclui, portanto, a contribuição do SEBRAE, no rol do art. 240, C.F. III. Constitucionalidade da contribuição do SEBRAE. Constitucionalidade, portanto, do § 3º, do art. 8º, da Lei 8.029/90, com a redação das Leis 8.154/1990 e 10.668/2003. IV. R.E. conhecido, mas improvido.[142]

TRIBUTÁRIO. MANDADO DE SEGURANÇA. CONTRIBUIÇÕES AO SESC, AO SEBRAE E AO SENAC. RECOLHIMENTO PELAS PRESTADORAS DE SERVIÇO. EXIGIBILIDADE. PRECEDENTES DA CORTE.
1. Esta Corte é firme no entendimento de que "a Contribuição para o SEBRAE (§ 3º, do art. 8º, da Lei 8.029/1990) configura intervenção no domínio econômico, e, por isso, é exigível de todos aqueles que se sujeitam às Contribuições para o SESC,

---

[142] BRASIL. Supremo Tribunal Federal. Tribunal Pleno. RE nº 396.266/SC. Relator: ministro Carlos Velloso. Julgamento em 26 de novembro de 2003. *DJ*, 27 fev. 2004.

SESI, SENAC e SENAI, independentemente do porte econômico (micro, pequena, média ou grande empresa)". (AgRg no Ag 600795/PR, Rel. Min. Herman Benjamin, Segunda Turma, DJ 24/10/2007). Precedentes.

2. "A jurisprudência renovada e dominante da Primeira Seção e da Primeira e da Segunda Turma desta Corte se pacificou no sentido de reconhecer a legitimidade da cobrança das contribuições sociais do SESC e SENAC para as empresas prestadoras de serviços." (AgRg no AgRg no Ag 840946/RS, Rel. Min. Eliana Calmon, Segunda Turma, DJ 29/08/2007).

3. Agravo regimental não provido.[143]

Assim, embora a contribuição ao Sebrae esteja relacionada ao serviço social e ao serviço de formação profissional, aludidos pelo art. 8º, § 3º, da Lei nº 8.029/1990, parece mais ajustado – como reconhecem o STF e o Superior Tribunal de Justiça (STJ) – considerar que a efetiva finalidade dessa exação se direciona ao custeio da intervenção do Estado nas atividades econômicas, por meio da atividade de fomento das micro e pequenas empresas, prestigiando, assim, o preceito insculpido no art. 170, IX, da CRFB/1988 (razão pela qual lhe é reconhecida a natureza jurídica de contribuição interventiva).

Contribuições à Apex-Brasil e à ABDI

A "Agência Brasileira de Promoção de Exportações e Investimentos (Apex-Brasil) atua para promover os produtos e serviços brasileiros no exterior e atrair investimentos estrangeiros para setores estratégicos da economia brasileira". A Apex-Brasil

---

[143] BRASIL. Superior Tribunal de Justiça. Segunda Turma. AgRg no Ag nº 998999/SP. Relator ministro Mauro Campbell Marques. Julgamento em 28 de outubro de 2008. DJe, 26 nov. 2008.

tem a missão de "desenvolver a competitividade das empresas brasileiras, promovendo a internacionalização de seus negócios e a atração de investimentos estrangeiros diretos".[144]

Já a "Agência Brasileira de Desenvolvimento Industrial (ABDI) foi criada pelo governo federal em 2004 com o objetivo de promover a execução da política industrial" e atua como elo entre o setor público e o privado, contribuindo para o desenvolvimento sustentável do país por meio de ações que ampliem a competitividade da indústria.[145]

Ambas as agências estão vinculadas ao Ministério do Desenvolvimento, Indústria e Comércio Exterior (MDIC) e recebem recursos provenientes da arrecadação de Cides instituídas pela Lei nº 10.668/2003 (Apex-Brasil) e pela Lei nº 11.080/2004 (ABDI), que configuram um adicional às alíquotas das contribuições sociais do Sistema "S", na forma do art. 8º, §§ 4º e 5º, da Lei nº 8.029/1990, verbis:

> § 4º. O adicional de contribuição a que se refere o § 3º deste artigo será arrecadado e repassado mensalmente pelo órgão ou entidade da Administração Pública Federal ao Cebrae,[146] ao Serviço Social Autônomo Agência de Promoção de Exportações do Brasil – Apex-Brasil e ao Serviço Social Autônomo Agência Brasileira de Desenvolvimento Industrial – ABDI, na proporção de 85,75% ao Cebrae, 12,25% à Apex-Brasil e 2% à ABDI.
> § 5º. Os recursos a serem destinados à ABDI, nos termos do § 4º, correrão exclusivamente à conta do acréscimo de receita líquida originado da redução da remuneração do Instituto Nacional do Seguro Social, determinada pelo § 2º do art. 94 da Lei nº 8.212,

---

[144] Disponível em: <www.apexbrasil.com.br/portal/>. Acesso em: 12 set. 2012.
[145] Disponível em: <www.abdi.com.br/Paginas/Default.aspx>. Acesso em: 12 set. 2012.
[146] Centro Brasileiro de Apoio à Pequena e Média Empresa (Cebrae), posteriormente transformado no atual Sebrae.

de 24 de julho de 1991, vedada a redução das participações destinadas ao Cebrae e à Apex-Brasil na distribuição da receita líquida dos recursos do adicional de contribuição de que trata o § 3º deste artigo.

Nessas modalidades de Cides a intervenção estatal se dá com o fim de custear o serviço social autônomo da Apex-Brasil e da ABDI.

Contribuições ao Incra

A Lei nº 2.613/1955 – primeira proteção legislativa ao homem do campo – estabeleceu, em seu art. 6º, § 4º, um adicional sobre a contribuição dos empregadores aos institutos e caixas de aposentadoria e pensionamento, no percentual de 0,3% sobre a folha de salários e cujo produto da arrecadação seria destinado ao Serviço Social Rural.[147]

Tal exação passou por diversas alterações ao longo do tempo. Teve sua alíquota majorada pela Lei nº 4.863/1965;[148] foi redirecionada ao Instituto Brasileiro de Reforma Agrária (Ibra), ao Fundo de Assistência ao Trabalhador Rural (Funrural), com o Decreto nº 582/1969, até que, a partir da criação do Instituto Nacional de Colonização e Reforma Agrária (Incra), parte do adicional antes destinado ao Ibra e ao Instituto Nacional de Desenvolvimento Agrário (Inda) foi revertido para o Incra, na forma dos decretos nº 1.110/1970 e nº 1.146/1970.

A rigor, a participação das empresas urbanas ganhou relevo com a implantação da proteção previdenciária ao trabalhador rural, por meio do custeio do novo Programa de Assistência

---

[147] Regulamentado pelo Decreto nº 39.319/1956.
[148] Que aumentou o percentual da alíquota para 0,4% e destinou os recursos para o então Instituto Nacional de Desenvolvimento Agrário (Inda).

ao Trabalhador Rural (Prorural),[149] instituído pela Lei Complementar nº 11/1971, sendo que a contribuição para o Incra ficou destinada à reforma agrária. Ocorre que a Lei Complementar nº 11/1971 restou revogada expressamente pela Lei nº 8.213/1991 (art. 138), no que tange apenas às contribuições previdenciárias devidas pelos segurados especiais; já a contribuição ao Incra permaneceu hígida.

Sobre a natureza jurídica da exação em tela, assim como em muitas outras Cides, inexiste pacificação na doutrina, contudo, o STJ já se manifestou no sentido de que é uma Contribuição de Intervenção no Domínio Econômico:

> PROCESSUAL CIVIL. RECURSO ESPECIAL. TRIBUTÁRIO. CONTRIBUIÇÃO DESTINADA AO INCRA. ADICIONAL DE 0,2%. NÃO EXTINÇÃO PELAS LEIS 7.787/1989, 8.212/91 E 8.213/91. LEGITIMIDADE.
>
> 1. A exegese Pós-Positivista, imposta pelo atual estágio da ciência jurídica, impõe na análise da legislação infraconstitucional o crivo da principiologia da Carta Maior, que lhe revela a denominada "vontade constitucional", cunhada por Konrad Hesse na justificativa da força normativa da Constituição.
>
> 2. Sob esse ângulo, assume relevo a colocação topográfica da matéria constitucional no afã de aferir a que vetor principiológico pertence, para que, observando o princípio maior, a partir dele, transitar pelos princípios específicos, até o alcance da norma infraconstitucional.
>
> 3. A Política Agrária encarta-se na Ordem Econômica (art. 184 da CF/1988) por isso que a exação que lhe custeia tem inequívoca natureza de Contribuição de Intervenção Estatal no

---

[149] Inicialmente a cargo do Funrural e depois transferido para o então Instituto Nacional da Previdência Social (INPS), após a unificação da previdência urbana e rural promovida pela CRFB/1988.

Domínio Econômico, coexistente com a Ordem Social, onde se insere a Seguridade Social custeada pela contribuição que lhe ostenta o mesmo *nomen juris*.

4. A hermenêutica, que fornece os critérios ora eleitos, revela que a contribuição para o Incra e a Contribuição para a Seguridade Social são amazonicamente distintas, e a fortiori, infungíveis para fins de compensação tributária.

5. A natureza tributária das contribuições sobre as quais gravita o *thema iudicandum*, impõe ao aplicador da lei a obediência aos cânones constitucionais e complementares atinentes ao sistema tributário.

6. O princípio da legalidade, aplicável *in casu*, indica que não há tributo sem lei que o institua, bem como não há exclusão tributária sem obediência à legalidade (art. 150, I da CF/1988 c.c art. 97 do CTN).

7. A evolução histórica legislativa das contribuições rurais denota que o Funrural (Prorural) fez as vezes da seguridade do homem do campo até o advento da Carta neoliberal de 1988, por isso que, inaugurada a solidariedade genérica entre os mais diversos segmentos da atividade econômica e social, aquela exação restou extinta pela Lei 7.787/1989.

8. Diversamente, sob o pálio da interpretação histórica, restou hígida a contribuição para o Incra cujo desígnio em nada se equipara à contribuição securitária social.

9. Consequentemente, resta inequívoca dessa evolução, constante do teor do voto, que: (a) a Lei 7.787/89 só suprimiu a parcela de custeio do Prorural; (b) a Previdência Rural só foi extinta pela Lei 8.213, de 24 de julho de 1991, com a unificação dos regimes de previdência; (c) entretanto, a parcela de 0,2% (zero vírgula dois por cento) – destinada ao Incra – não foi extinta pela Lei 7.787/1989 e tampouco pela Lei 8.213/91, como vinha sendo proclamado pela jurisprudência desta Corte.

10. Sob essa ótica, a míngua de revogação expressa e inconciliável a adoção da revogação tácita por incompatibilidade, porquanto distintas as razões que ditaram as exações sub judice, ressoa inequívoca a conclusão de que resta hígida a contribuição para o Incra.

11. Interpretação que se coaduna não só com a literalidade e a história da exação, como também converge para a aplicação axiológica do Direito no caso concreto, viabilizando as promessas constitucionais pétreas e que distinguem o ideário da nossa nação, qual o de constituir uma sociedade justa e solidária, com erradicação das desigualdades regionais.

12. Recursos especiais do Incra e do INSS providos.[150]

Finalmente vale destacar que, embora não tenha alterado a exigibilidade da Cide ora mencionada, nem restringido as bases econômicas de incidência, a Emenda Constitucional (EC) nº 33/2001, ao alterar o art. 149 da CRFB/1988, especificou como se deve dar a base da tributação.

> Art. 149. [...]
> § 2º. As contribuições sociais e de intervenção no domínio econômico de que trata o *caput* deste artigo:
> I - não incidirão sobre as receitas decorrentes de exportação;
> II - incidirão também sobre a importação de produtos estrangeiros ou serviços;
> III - poderão ter alíquotas:
> a) *ad valorem*, tendo por base o faturamento, a receita bruta ou o valor da operação e, no caso de importação, o valor aduaneiro;
> [...]

---

[150] BRASIL. Superior Tribunal de Justiça. Primeira Seção. REsp nº 977.058/RS. Relator: ministro Luiz Fux. Julgamento em 22 de outubro de 2008. *DJe*, 10 nov. 2008.

A questão que enseja discussão é o fato de que o dispositivo acima transcrito enuncia a "possibilidade" de as alíquotas incidirem sobre o faturamento, receita bruta ou valor da operação, inclusive o aduaneiro, mas não explicita que a contribuição ao Sebrae terá apenas tais incidências.

Essa amplitude se justifica, especialmente, pela necessidade de acompanhar a natureza, cada vez mais dinâmica, do cenário econômico, na mesma linha esposada pela jurisprudência do Tribunal Regional Federal da Quarta Região, como demonstra a ementa abaixo transcrita:

> EMENTA. TRIBUTÁRIO. CONTRIBUIÇÃO DESTINADA AO INCRA. NATUREZA. INTERVENÇÃO NA ATIVIDADE ECONÔMICA. 1. A contribuição de 0,2%, destinada ao IN-CRA, qualifica-se como contribuição interventiva no domínio econômico e social, encontrando sua fonte de legitimidade no art. 149 da Constituição de 1988. Essa contribuição pode ser validamente exigida das empresas comerciais ou industriais, que nessa mesma atividade vicejam. 2. Como a contribuição ao INCRA não possui natureza previdenciária, não foi extinta pelas Leis 7.789/1989 e 8.212/1991, sendo plenamente exigível.[151]

Vale consignar, por oportuno, que como já anunciado anteriormente, o tema da correlação que deve haver entre a base impositiva de uma Cide e sua destinação ou finalidade está sendo apreciada pelo STF no bojo do RE nº 630.898/RS[152] e tem justamente como pano de fundo a análise da contribuição para o Incra.

---

[151] BRASIL. Tribunal Regional Federal. Quarta Região. Segunda Turma. AC nº 2004.72.04.003534-7. Relator: Antonio Albino Ramos de Oliveira, Julgamento em 15 de maio de 2007. *DE*, 30 maio 2007.
[152] BRASIL. Supremo Tribunal Federal. RE nº 630.898 RG/RS. Relator: ministro Dias Toffoli. Julgamento em 3 de novembro de 2011. Acórdão eletrônico. *DJe*, 28 jun. 2012.

Bastante interessante essa decisão do Tribunal Regional Federal (TRF), Primeira Região:

> TRIBUTÁRIO. CONTRIBUIÇÃO PARA O INCRA. RAMO E LOCAL DE ATUAÇÃO IRRELEVÂNCIA. CONTRIBUIÇÃO GERAL DE INTERVENÇÃO NO DOMÍNIO ECONÔMICO. 1. A contribuição para o INCRA, por seu caráter geral (contribuição de intervenção no domínio econômico) abrange qualquer ramo de atividade a que se dedique a empresa. Não há que se falar, pois, em exclusividade de recolhimento pelas sociedades empresariais que desenvolvem atividades agrícolas ou agroindustriais, *eis que cabe a todos os atores do segmento econômico* a importante tarefa de desenvolvimento da política de colonização e desenvolvimento rural do país. Desinfluente, ademais, qualquer distinção quanto ao seguimento de atuação da empresa para fins de recolhimento da contribuição [...].[153]

Cide-combustíveis

Com a promulgação da EC nº 33/2001, foram acrescidos os §§ 2º a 4º ao art. 149 da CRFB/1988. De acordo com o § 2º, II, do referido art. 149, a União Federal está autorizada a instituir Contribuição de Intervenção no Domínio Econômico incidente sobre "a importação de petróleo e seus derivados, gás natural e seus derivados e álcool combustível".

A EC nº 33/2001 também acrescentou o § 4º ao art. 177 da CRFB/1988:

> § 4º. A lei que instituir contribuição de intervenção no domínio econômico relativa às atividades de importação ou comercializa-

---

[153] BRASIL. Tribunal Regional Federal. AC nº 199837000052881/MA. Relator: juiz federal Grigório Carlos dos Santos. Julgamento em 30 de julho de 2013. *e-DJF1*, 14 ago. 2013, grifos meus.

ção de petróleo e seus derivados, gás natural e seus derivados e álcool combustível, deverá atender aos seguintes requisitos:
I - a alíquota da contribuição poderá ser:
a) diferenciada por produto ou uso;
b) reduzida e restabelecida por ato do Poder Executivo, não se lhe aplicando o disposto no art. 150, III, *b*;
II - os recursos arrecadados serão destinados:
a) ao pagamento de subsídios a preços ou transporte de álcool combustível, gás natural e seus derivados e derivados de petróleo;
b) ao financiamento de projetos ambientais relacionados com a indústria do petróleo e do gás;
c) ao financiamento de programas de infraestrutura de transportes.

Diante dessa autorização constitucional, foi editada a Lei nº 10.336/2001, por meio da qual foi instituída a Contribuição de Intervenção no Domínio Econômico incidente sobre a importação e a comercialização de petróleo e seus derivados, gás natural e seus derivados, e álcool etílico combustível (Cide-combustíveis).

A destinação do produto da arrecadação da Cide-combustíveis é fixada pelo art. 1º, § 1º, I-III, da Lei nº 10.336/2001:

§ 1º. [...]
I - pagamento de subsídios a preços ou transporte de álcool combustível, de gás natural e seus derivados e de derivados de petróleo;
II - financiamento de projetos ambientais relacionados com a indústria do petróleo e do gás; e
III - financiamento de programas de infraestrutura de transportes.

A matéria foi objeto de outra emenda constitucional – EC nº 42/2003 –, acrescentando-se o inciso III ao art. 159 da

CRFB/1988, por meio do qual os estados e o Distrito Federal passaram a se beneficiar de 25% do produto de arrecadação da Cide-combustíveis, devendo-se observar a destinação ao financiamento de programas de infraestrutura de transportes. Posteriormente, mais uma emenda constitucional alterou o tratamento do tema. A EC nº 44/2004 majorou o percentual de participação dos estados e Distrito Federal no produto da arrecadação da Cide-combustíveis para 29%.

Os estados e o Distrito Federal, a seu turno, deverão transferir 25% do que receberem da União a título de repasse de Cide-combustíveis para os municípios, na forma do art. 159, § 4º, da CRFB/1988.

Como já mencionado, a Cide incidente sobre a importação e a comercialização de petróleo e seus derivados, gás natural e seus derivados, e álcool etílico combustível tem como contribuintes (1) o produtor; (2) o formulador;[154] e (3) o importador (pessoa física ou jurídica), que realizarem operações de importação e de comercialização, no mercado interno de vários combustíveis líquidos discriminados no art. 3º da Lei nº 10.336/2001.

Os fatos geradores de tal exação são as operações realizadas e que se refiram à importação e comercialização, no mercado interno, de gasolina e suas correntes; *diesel* e suas correntes; querosene de aviação e outros querosenes; óleos combustíveis (*fuel-oil*); gás liquefeito de petróleo, inclusive o derivado de gás natural e de nafta; e álcool etílico combustível.

Ressalte-se ainda que, de acordo com os arts. 4º a 7º da Lei nº 10.336/2001, a base de cálculo da Cide-combustíveis é constituída por determinadas unidades de medidas e alíquotas

---

[154] De acordo com o art. 2º, parágrafo único, da Lei nº 10.336/2001, considera-se formulador de combustível líquido, derivados de petróleo e derivados de gás natural a pessoa jurídica – conforme definido pela Agência Nacional do Petróleo (ANP) – autorizada a exercer, em plantas de formulação de combustíveis, determinadas atividades.

específicas, sendo que do valor da contribuição incidente na comercialização no mercado interno poderá ser deduzido o valor da Cide pago na importação daqueles produtos ou aquele incidente quando da aquisição dos referidos produtos de outro contribuinte.

O parágrafo único do art. 7º da Lei nº 10.336/2001, por seu turno, estabelece que "a dedução será efetuada pelo valor global da Cide pago nas importações realizadas no mês, considerado o conjunto de produtos importados e comercializados, sendo desnecessária a segregação por espécie de produto".

O contribuinte poderá, ainda, deduzir o valor da Cide-combustíveis, pago na importação ou na comercialização, no mercado interno, dos valores da contribuição para o PIS/Pasep e da Cofins devidos na comercialização no mercado interno, na forma do art. 8º da Lei nº 10.336/2001.

As alíquotas da Cide-combustíveis, na forma do art. 5º da Lei nº 10.336/2001, são específicas, não podendo haver diferenciação de alíquotas em razão da natureza do produto.

José Eduardo Soares de Melo[155] sintetiza os principais argumentos que, segundo seu entendimento, apontam para a inconstitucionalidade da Cide-combustíveis:

> a) É uma falsa contribuição interventiva, por haver transferido para a lei orçamentária a competência para determinar sua destinação, além de não apontar os fundamentos da intervenção.
> b) Tem faturamento (receita bruta) como base de cálculo, que se confunde com uma das situações previstas no art. 195 da CF, o que é implicitamente proibido, desvirtuando sua finalidade, transformando-a em fonte de custeio da Seguridade Social.

---

[155] MELO, José Eduardo Soares de. *Contribuições sociais no sistema tributário*, 2003, op. cit., p. 126-127.

c) Estabelece como hipótese de incidência fatos (importação e comercialização) que a Constituição Federal reservou à tributação dos Estados e Distrito Federal, por via de ICMS.
d) Violou os princípios da estrita legalidade e da anterioridade ao autorizar o Executivo a reduzir ou restabelecer a alíquota, além de possibilitar a sua aplicação imediata.
e) Carece de lei complementar (art. 154, I), por se tratar de novos impostos federais.

Essa não parece ser a posição mais acertada, conquanto a Cide-combustíveis guarda exaustiva previsão constitucional. A EC nº 33/2001 inovou nas normas da CRFB/1988 (arts. 149, 155 e 177) atinentes às contribuições interventivas e, especialmente no art. 177, ao introduzir o § 4º, estabeleceu requisitos a serem necessariamente observados na lei instituidora da referida Cide-combustíveis. Ou seja, o constituinte derivado deixou espaço restrito ao legislador ordinário, dispondo sobre a sujeição passiva tributária, hipóteses de incidência e alíquotas.

Igualmente, na mesma linha de entendimento abraçada pelo STF quando apreciou a contribuição social instituída pela Lei nº 7.689/1988[156] – precedente já mencionado –, havendo

---

[156] "CONSTITUCIONAL. TRIBUTÁRIO. CONTRIBUIÇÕES SOCIAIS. CONTRIBUIÇÕES INCIDENTES SOBRE O LUCRO DAS PESSOAS JURIDICAS. Lei n. 7.689, de 15/12/1988. I. Contribuições parafiscais: contribuições sociais, contribuições de intervenção e contribuições corporativas. CF, art. 149. Contribuições sociais de seguridade social. CF, arts. 149 e 195. As diversas espécies de contribuições sociais. II. A contribuição da Lei 7.689, de 15.12.88, e uma contribuição social instituída com base no art. 195, I, da Constituição. As contribuições do art. 195, I, II, III, da Constituição, não exigem, para a sua instituição, lei complementar. Apenas a contribuição do parag. 4. do mesmo art. 195 é que exige, para a sua instituição, lei complementar, dado que essa instituição deverá observar a técnica da competência residual da União (CF, art. 195, parag. 4.; CF, art. 154, I). Posto estarem sujeitas a lei complementar do art. 146, III, da Constituição, porque não são impostos, não há necessidade de que a lei complementar defina o seu fato gerador, base de cálculo e contribuintes (CF, art. 146, III, 'a'). III. Adicional ao imposto de renda: classificação desarrazoada. IV. Irrelevância do fato de a receita integrar o orçamento fiscal da União. O que importa é que ela se destina ao financiamento da seguridade social (Lei 7.689/1988, art. 1.). V. Inconstitucionalidade do art. 8, da Lei 7.689/1988, por ofender o princípio da irretroatividade (CF, art. 150, III, 'a') qualificado pela inexigibilidade da contribuição dentro no prazo de noventa

previsão constitucional (art. 195 da CRFB/1988), é dispensável a lei complementar para a instituição da Cide-combustíveis.

É de se notar que não se vislumbra, em tese, inconstitucionalidade material na instituição da Cide-combustíveis, considerando que a Lei nº 10.336/2001, em seu art. 1º, § 1º, consignou que os recursos advindos de sua arrecadação estão vinculados à intervenção no domínio econômico.

Decisões correlatas:

1) ilegitimidade *ad causam* do consumidor de combustíveis:

> EMENTA [...]
> 1. São contribuintes da Contribuição de Intervenção no Domínio Econômico. CIDE COMBUSTÍVEIS o produtor, o formulador e o importador dos combustíveis, pessoa física ou jurídica (art. 2º da Lei 10.336/2001). 2. Essa contribuição será devida sempre que as tais pessoas realizem operações de importações e de comercialização no mercado interno de gasolinas, diesel, óleo combustível e álcool etílico combustível, entre outros, e recolhem o tributo no início da cadeia produtiva, desonerando os demais participantes (distribuidores, varejistas, transportadores e consumidores finais). 3. São esses sujeitos passivos, os únicos a quem a lei atribui a responsabilidade do tributo e demais obrigações vinculadas, razão pela qual *não tem os demais participantes da cadeia produtiva legitimidade para discutir judicialmente a restituição de um tributo por eles não recolhido.*
> 4. Processo extinto, sem resolução de mérito, nos termos do art. 267, VI, do Código de Processo Civil. Apelação prejudicada.[157]

---

dias da publicação da lei (CF, art. 195, parag. 6). Vigência e eficácia da lei: distinção. VI. Recurso Extraordinário conhecido, mas improvido, declarada a inconstitucionalidade apenas do artigo 8. da Lei 7.689, de 1988" (BRASIL. Supremo Tribunal Federal. Tribunal Pleno. RE nº 138.284. Relator: ministro Carlos Velloso. Julgamento em 1º de julho de 1992. *DJ*, 28 ago. 1992).

[157] BRASIL. Tribunal Regional Federal. Primeira Região. Sétima Turma Suplementar. Apelação Cível nº 2005.40.00.002981-2/PI. Relator: juiz federal Carlos Eduardo Castro Martins. Julgamento em 3 de julho de 2012. *e-DJF1*, 20 jul. 2012, grifos meus.

2) ilegitimidade *ad causam* do consumidor de combustíveis para pleitear restituição:

> PROCESSO CIVIL E TRIBUTÁRIO. CIDE. COMBUSTÍVEIS. REPETIÇÃO DE INDÉBITO. CONTRIBUINTE DE FATO. ILEGITIMIDADE AD CAUSAM. JURISPRUDÊNCIA DO STJ. ART. 543-C DO CPC.
> 1. O acórdão recorrido afastou a legitimidade da agravante para pleitear a compensação do valor correspondente à CIDE, reconhecendo a sua caracterização como consumidora final. Não se debateu a agora invocada característica de "contribuinte de fato e de direito".
> 2. O "contribuinte de fato" não detém legitimidade ativa ad causam para pleitear a restituição do indébito relativo ao IPI incidente sobre os descontos incondicionais, recolhido pelo "contribuinte de direito". Precedente: REsp 903.394/AL, Rel. Ministro Luiz Fux, Primeira Seção, julgado em 24/03/2010, DJe 26/04/2010, acórdão submetido ao regime do artigo 543-C do CPC e da Resolução STJ 08/2008.
> 3. Agravo regimental não provido.[158]

Cide-*royalties*

A Lei nº 10.168/2000 criou o Programa de Estímulo à Interação Universidade-Empresa para o Apoio à Inovação, cujo objetivo principal é estimular o desenvolvimento tecnológico brasileiro, mediante programas de pesquisa científica e tecnológica cooperativa entre universidades, centros de pesquisa e o setor produtivo. Para fins de custeio de tal programa de governo a citada lei instituiu, em seu art. 2º, a Cide-*royalties*.[159]

---

[158] BRASIL. Superior Tribunal de Justiça. Segunda Turma. AgRg no AREsp nº 23.445/RS. Relator: ministro Castro Meira. Julgamento em 13 de março de 2012. *DJe*, 28 mar. 2012.
[159] Do que se pode extrair do teor do art. 22 da Lei nº 4.506/1964, os *royalties* se classificam como importância paga ao detentor ou proprietário de um produto, marca, patente

Essa nova Contribuição de Intervenção no Domínio Econômico é "devida pela pessoa jurídica detentora de licença de uso ou adquirente de conhecimentos tecnológicos, bem como aquela signatária de contratos que impliquem transferência de tecnologia firmados com residentes ou domiciliados no exterior", considerando-se, para tanto, "contratos de transferência de tecnologia os relativos à exploração de patentes ou de uso de marcas e os de fornecimento de tecnologia e prestação de assistência técnica".

Posteriormente, com a edição da Lei nº 10.332/2001, houve uma ampliação da hipótese de incidência da exação em tela, que, a partir de 1º de janeiro de 2002, passou a ser

> devida também pelas pessoas jurídicas signatárias de contratos que tenham por objeto serviços técnicos e de assistência administrativa e semelhantes a serem prestados por residentes ou domiciliados no exterior, bem assim pelas pessoas jurídicas que pagarem, creditarem, entregarem, empregarem ou remeterem *royalties*, a qualquer título, a beneficiários residentes ou domiciliados no exterior [art. 6º].

A contribuição será recolhida ao Tesouro Nacional e destinada ao Fundo Nacional de Desenvolvimento Científico e Tecnológico (FNDCT), criado pelo Decreto-Lei nº 719/1969, restabelecido pela Lei nº 8.172/1991[160] e hoje regulado especialmente pela Lei nº 11.540/2007. Os recursos destinados ao FNDCT serão alocados em categoria de programação específica. Do total de recursos, no mínimo, 30% serão aplicados em ins-

---

de produto, processo de produção ou obra original pelos direitos de exploração, uso, distribuição ou comercialização do referido produto ou tecnologia.

[160] Para informações detalhadas sobre o FNDCT, ver: <www.mct.gov.br/index.php/content/view/725.html>. Acesso em: 10 set. 2012.

tituições sediadas nas regiões Norte, Nordeste e Centro-Oeste, incluindo as respectivas áreas de abrangência das agências de desenvolvimento regional.

Desse modo, a contribuição em referência é devida sobre o pagamento de *royalties* de qualquer natureza a beneficiários residentes ou domiciliados no exterior, à alíquota de 10%, sendo o produto de sua arrecadação destinado ao custeio de programas de desenvolvimento científico e tecnológico, objetivando o estímulo à interação universidade/empresa.

Questiona-se na doutrina a constitucionalidade da Cide instituída pela Lei nº 10.168/2000, eis que a exação não se conforma com a natureza que lhe foi atribuída de Contribuição de Intervenção no Domínio Econômico.

Com efeito, a teor do disposto nos arts. 149 e 174, ambos da CRFB/1988, a Contribuição de Intervenção no Domínio Econômico deverá caracterizar-se como instrumento de regulação de determinada atividade econômica, exercida pelas empresas privadas dentro dos princípios dispostos no art. 170, também da Carta Magna, com determinação dos critérios para a identificação da área e do grupo, e da pertinência entre ambos, bem como a existência de benefício ou vantagem especial ao grupo obrigado, individualizável. Entretanto, segundo Hamilton Dias de Souza e Tércio Sampaio Ferraz Júnior,[161] tais requisitos não se encontram presentes na Lei nº 10.168/2000.

A despeito de tal controvérsia doutrinária, o Pretório Excelso já se manifestou acerca da constitucionalidade da Cide-*royalties*, como ilustra a ementa do julgado a seguir transcrito:

---

[161] SOUZA, Hamilton Dias de; FERRAZ JÚNIOR, Tércio Sampaio. Contribuições de intervenção no domínio econômico e a Federação. In: MARTINS, Ives Gandra da Silva (Coord.). *Contribuições de intervenção no domínio econômico*. São Paulo: Centro de Extensão Universitária, 2002. Edição 8 de Pesquisas Tributárias. p. 102-103.

DIREITO TRIBUTÁRIO. CONTRIBUIÇÃO DE INTERVENÇÃO NO DOMÍNIO ECONÔMICO. EDIÇÃO DE LEI COMPLEMENTAR E VINCULAÇÃO À ATIVIDADE ECONÔMICA: DESNECESSIDADE. ARTS. 5º, XXXV, LIV e LV, e 93, IX, DA CF/88: OFENSA INDIRETA. 1. *O Supremo Tribunal Federal entende que é constitucional a Contribuição de Intervenção no Domínio Econômico instituída pela Lei 10.168/2000 em razão de ser dispensável a edição de lei complementar para a instituição dessa espécie tributária, e desnecessária a vinculação direta entre os benefícios dela decorrentes e o contribuinte.* Precedentes. 2. A jurisprudência desta Corte está sedimentada no sentido de que as alegações de ofensa a incisos do artigo 5º da Constituição Federal – legalidade, prestação jurisdicional, direito adquirido, ato jurídico perfeito, limites da coisa julgada, devido processo legal, contraditório e ampla defesa – podem configurar, quando muito, situações de ofensa meramente reflexa ao texto da Constituição, circunstância essa que impede a utilização do recurso extraordinário. 3. O fato de a decisão ter sido contrária aos interesses da parte não configura ofensa ao art. 93, IX, da Constituição Federal. 4. Agravo regimental a que se nega provimento.[162]

Outro ponto que merece apreciação gira em torno do grau de referibilidade direta entre a hipótese de incidência e a destinação da arrecadação. Para boa parte da doutrina, a não aplicação dos recursos arrecadados pela Cide-*royalties* nas destinações previstas na lei contamina a juridicidade da própria cobrança.[163]

---

[162] BRASIL. Supremo Tribunal Federal. Segunda Turma. RE nº 492.353 AgR. Relatora: ministra Ellen Gracie. Julgamento em 22 de fevereiro de 2011. *DJe*, 15 mar. 2011, grifos meus.

[163] Por todos, ver: PEIXOTO, Daniel Monteiro. Desvio de finalidade das contribuições de intervenção no domínio econômico. *Revista de Direito Tributário*, São Paulo, n. 102, p. 156, jul. 2008.

Condecine

Com o fito de contribuir para o desenvolvimento da indústria nacional cinematográfica e videofonográfica, a União criou a Contribuição para o Desenvolvimento da Indústria Cinematográfica Nacional (Condecine), por meio da MP nº 2.228/2001 (ainda em vigor), alterada pela Lei nº 10.454/2002 e posteriormente também pela Lei nº 12.485/2011.

Consoante o art. 32 da MP nº 2.228/2001, constituem fato gerador da Condecine três hipóteses. Vejamos:

> Art. 32. A Contribuição para o Desenvolvimento da Indústria Cinematográfica Nacional - Condecine terá por fato gerador:
> I - a veiculação, a produção, o licenciamento e a distribuição de obras cinematográficas e videofonográficas com fins comerciais, por segmento de mercado a que forem destinadas;
> II - a prestação de serviços que se utilizem de meios que possam, efetiva ou potencialmente, distribuir conteúdos audiovisuais nos termos da lei que dispõe sobre a comunicação audiovisual de acesso condicionado, listados no Anexo I desta Medida Provisória;
> II - a veiculação ou distribuição de obra audiovisual publicitária incluída em programação internacional, nos termos do inciso XIV do art. 1º desta Medida Provisória, nos casos em que existir participação direta de agência de publicidade nacional, sendo tributada nos mesmos valores atribuídos quando da veiculação incluída em programação nacional.
> Parágrafo único. A CONDECINE também incidirá sobre o pagamento, o crédito, o emprego, a remessa ou a entrega, aos produtores, distribuidores ou intermediários no exterior, de importâncias relativas a rendimento decorrente da exploração de obras cinematográficas e videofonográficas ou por sua aquisição ou importação, a preço fixo.

O produto da arrecadação será destinado ao Fundo Nacional da Cultura e alocado em categoria de programação orçamentária específica denominada Fundo Setorial do Audiovisual,[164] para aplicação nas atividades de fomento do setor audiovisual no Brasil.

O art. 35 da MP nº 2.228/2001 enumera os sujeitos passivos da Condecine:

> Art. 35 [...]
> I - detentor dos direitos de exploração comercial ou de licenciamento no País, conforme o caso, para os segmentos de mercado previstos nas alíneas "a" a "e" do inciso I do art. 33;
> II - empresa produtora, no caso de obra nacional, ou detentor do licenciamento para exibição, no caso de obra estrangeira, na hipótese do inciso II do art. 33;
> III - o responsável pelo pagamento, crédito, emprego, remessa ou entrega das importâncias referidas no parágrafo único do art. 32;
> IV - as concessionárias, permissionárias e autorizadas de serviços de telecomunicações, relativamente ao disposto no inciso II do art. 32;
> V - o representante legal e obrigatório da programadora estrangeira no País, na hipótese do inciso III do art. 32.

Com a edição da Lei nº 12.485/2011 – que criou um novo marco regulatório para a TV por Assinatura no Brasil – também passaram a ser consideradas contribuintes da Cide, as concessionárias, permissionárias e autorizadas dos serviços de telecomunicações.

---

[164] Composto pelos seguintes programas de governo: Programa de Apoio ao Desenvolvimento do Cinema Brasileiro (Prodecine), Programa de Apoio ao Desenvolvimento do Cinema Brasileiro (Prodav) e Programa de Apoio ao Desenvolvimento da Infraestrutura do Cinema e do Audiovisual (Pró-Infra).

O STF, em deliberação atual, decidiu o assunto utilizando-se do filtro que inibe o engessamento da política fiscal do Brasil. Eis que dessa forma:

> RECURSO EXTRAORDINÁRIO – AGÊNCIA NACIONAL DE CINEMA – ANCINE – VALIDADE CONSTITUCIONAL DA LEGISLAÇÃO PERTINENTE À INSTITUIÇÃO DA CONTRIBUIÇÃO SOCIAL DE INTERVENÇÃO NO DOMÍNIO ECONÔMICO DESTINADA AO SETOR CINEMATOGRÁFICO – EXIGIBILIDADE DESSA ESPÉCIE TRIBUTÁRIA – DESNECESSIDADE DE VINCULAÇÃO DIRETA ENTRE O CONTRIBUINTE E A DESTINAÇÃO DAS RECEITAS TRIBUTÁRIAS ARRECADADAS – [...].[165]

Cide-energia

Com o desiderato de promover a pesquisa e o desenvolvimento em eficiência energética, a Lei nº 9.991/2000 impôs às concessionárias e permissionárias de serviços públicos de distribuição de energia elétrica a obrigação de aplicar, anualmente, o montante de, no mínimo, 0,75% de sua receita operacional líquida em pesquisa e desenvolvimento do setor elétrico e, no mínimo, 0,25% em programas de eficiência energética no uso final.

No que tange ao fato gerador da Cide-energia, há de se reconhecer certa atecnia do legislador ao não definir aspectos da hipótese de incidência, como se verifica da leitura do art. 1º da referida Lei nº 9.991/2000.

Posteriormente, a Lei nº 12.111/2009, em seu art. 6º, modificando a Lei nº 9.991/2000, criou um adicional à Cide-energia,

---

[165] BRASIL. Supremo Tribunal Federal. Segunda Turma. RE nº 581375 AgR. Relator: ministro Celso de Mello. Julgamento em 4 de dezembro de 2012. *DJe*, 1º fev. 2013.

com o objetivo de ressarcir estados e municípios que tiverem eventual perda de receita decorrente da arrecadação de ICMS incidente sobre combustíveis fósseis utilizados para geração de energia elétrica, ocorrida nos 24 meses seguintes à interligação dos respectivos sistemas isolados ao Sistema Interligado Nacional (SIN).

O produto da arrecadação da Cide-energia tem como destinos principais o custeio do Fundo Nacional de Desenvolvimento Científico e Tecnológico (FNDCT), da Agência Nacional de Energia Elétrica (Aneel) e Ministério de Minas e Energia (MME).

Fust

A Lei nº 9.998/2000[166] instituiu o Fundo de Universalização dos Serviços de Telecomunicações (Fust), cujos recursos se destinam a cobrir a parcela de custo exclusivamente atribuível ao cumprimento das obrigações de universalização de serviços de telecomunicações que não possa ser recuperada com a exploração eficiente do serviço, nos termos do disposto no art. 81, II, da Lei nº 9.472/1997.[167]

A Contribuição de Intervenção no Domínio Econômico destinada ao custeio do Fust está prevista no art. 6º, IV, da referida Lei nº 9.998/2000 e tem como elemento quantitativo o resultado de 1% calculado sobre a receita operacional bruta, decorrente de

---

[166] Regulamentada pelo Decreto nº 3.624/2000.
[167] A Lei nº 9.472/1997 dispõe, entre outros assuntos, sobre a organização dos serviços de telecomunicações, bem como a criação e funcionamento da Anatel, e seu art. 81, II, assim define: "Os recursos complementares destinados a cobrir a parcela do custo exclusivamente atribuível ao cumprimento das obrigações de universalização de prestadora de serviço de telecomunicações, que não possa ser recuperada com a exploração eficiente do serviço, poderão ser oriundos das seguintes fontes: [...] II - fundo especificamente constituído para essa finalidade, para o qual contribuirão prestadoras de serviço de telecomunicações nos regimes público e privado, nos termos da lei, cuja mensagem de criação deverá ser enviada ao Congresso Nacional, pelo Poder Executivo, no prazo de cento e vinte dias após a publicação desta Lei".

prestação de serviços de telecomunicações nos regimes público e privado, excluindo-se o Imposto sobre Operações Relativas à Circulação de Mercadorias e sobre Prestação de Serviços de Transporte Interestadual e Intermunicipal e de Comunicação (ICMS), o Programa de Integração Social (PIS) e a Contribuição para o Financiamento da Seguridade Social (Cofins).

Funttel

O Fundo para o Desenvolvimento Tecnológico das Telecomunicações (Funttel), criado pela Lei nº 10.052/2000[168] e cuja gestão está no âmbito do Ministério das Comunicações, tem por desiderato estimular o processo de inovação tecnológica, bem como incentivar a capacitação de recursos humanos, fomentar a geração de empregos e promover o acesso das pequenas e médias empresas a recursos de capital, de modo a ampliar a competitividade da indústria brasileira de telecomunicações.

O cálculo da contribuição destinada ao custeio do Funttel se dá pela aplicação do percentual de 0,5% sobre o faturamento líquido das empresas prestadoras de serviços de telecomunicações e de 1% sobre a arrecadação bruta de eventos participativos realizados por meio de ligações telefônicas.

Cide-patrocínio futebol brasileiro

A título de atualização, resta expor que existe um projeto de lei de nº 5.593/2013, que prevê a instituição da Cide-patrocínio futebol brasileiro.

> Art. 3º. Fica declarada como de Especial Interesse Público a comercialização de patrocínio proveniente da atividade de

---

[168] Regulamentada pelo Decreto nº 3.737/2001.

Representação do Futebol Brasileiro nos âmbitos nacional e internacional.

Parágrafo único. Sobre as receitas decorrentes da comercialização de patrocínio de que trata o *caput*, incidirá Contribuição de Intervenção no Domínio Econômico – CIDE, de alíquota de vinte por cento, a ser recolhida no último dia útil do mês seguinte ao da contratação do patrocínio, destinando-se os recursos daí arrecadados ao fomento e formação de atletas de futebol menores de 18 anos, nos termos dispostos em regulamento.

Questões de automonitoramento

1) Após ler este capítulo, você é capaz de resumir os casos geradores do capítulo 4, identificando as partes envolvidas, os problemas atinentes e as soluções cabíveis?
2) Qual a finalidade da instituição da Contribuição de Intervenção no Domínio Econômico?
3) Qual o fato gerador do AFRMM?
4) Quais os destinos possíveis da receita arrecadada com a Cide-combustíveis?
5) Pense e descreva, mentalmente, alternativas para solução dos casos geradores do capítulo 4.

3

Contabilidade tributária: PIS, Cofins e Cide

Roteiro de estudo

Aspectos constitucionais e legais

O art. 149 da Constituição Federal de 1988 (CRFB/1988) determina que compete exclusivamente à União instituir contribuições sociais, de intervenção no domínio econômico e de interesse das categorias profissionais ou econômicas, como instrumento de sua atuação nas respectivas áreas, observado o disposto nos arts. 146, III, e 150, I e III, sem prejuízo do previsto no art. 195, § 6º, relativamente às contribuições a que alude o dispositivo.

Em síntese, os referidos artigos da Constituição Federal determinam:

1) a seguridade social será financiada por toda a sociedade, de forma direta ou indireta, nos termos da lei, mediante recursos do governo, do empregador, da empresa e da entidade a ela equiparada, incidentes sobre a receita, sobre o faturamento ou sobre o lucro;

2) cabe a lei complementar estabelecer normas gerais em matéria de legislação tributária, especialmente no que se refere à definição de tributos e de suas espécies, base de cálculo e contribuintes, bem como obrigação, lançamento, crédito, prescrição e decadência;
3) é vedado à União, aos estados, ao Distrito Federal e aos municípios exigir tributos sem lei que o estabeleça e cobrar tributos em relação a fatos geradores ocorridos antes do início da vigência da lei e antes de decorridos 90 dias da data em que haja sido publicada a lei que os institui ou aumentou, não se aplicando às contribuições sociais o disposto no art. 150, "b";
4) as contribuições sociais e de intervenção no domínio econômico não incidirão sobre receitas decorrentes de exportação.

Aspectos conceituais e históricos

Programa de Integração Social (PIS)

A contribuição para o Programa de Integração Social (PIS) foi criada pela Lei Complementar nº 7/1970 e sua congênere, a Contribuição para o Patrimônio do Servidor Público (Pasep), pela Lei Complementar nº 8/1980.

Os objetivos originais do PIS e do Pasep eram:

1) integrar o empregado na vida e no desenvolvimento das empresas, bem como assegurar ao empregado e ao servidor público o usufruto de patrimônio individual progressivo;
2) estimular a poupança e corrigir distorções na distribuição de renda;
3) possibilitar a paralela utilização dos recursos acumulados em favor do desenvolvimento econômico-social.

Portanto, essas contribuições originalmente tinham como objetivo a formação de um patrimônio, tanto para o empregado do setor privado quanto para o servidor público, que somente poderiam ser sacados pelo beneficiário em ocasiões específicas na legislação, tais como casamento, aposentadoria ou morte.

Com a promulgação da CRFB/1988, esses objetivos foram modificados pelo art. 239 da mesma, vinculando-se a arrecadação do PIS e do Pasep ao custeio do seguro-desemprego e do abono aos empregados com média de até dois salários mínimos de remuneração mensal.

Contribuição para o Financiamento da Seguridade Social (Cofins)

A Contribuição para o Financiamento da Seguridade Social (Cofins) foi criada pela Lei Complementar nº 70/1991, e veio substituir outra contribuição denominada Fundo de Investimento Social (Finsocial), a qual tinha o objetivo de obter recursos para que a União pudesse desenvolver programas sociais, tendo em vista que, à época, o orçamento federal não dispunha de recursos suficientes para financiá-los.

Por volta do final da década de 1980, com o abrandamento da tutela que o Executivo exercia sobre o Poder Judiciário durante os governos militares, o Finsocial foi considerado inconstitucional em várias decisões prolatadas pelos tribunais pátrios, motivo pelo qual a União optou por desistir dele e substituí-lo pela Cofins, que tinha o objetivo de financiar a seguridade social, num sentido lato.

Fatos geradores e contribuintes

Conceito de faturamento ou receita

A Lei nº 9.718/1998 estabeleceu, em seu art. 3º, § 1º, que, para fins de incidência do PIS e da Cofins, entende-se por receita bruta a totalidade das receitas auferidas, sendo irrelevante, para descaracterizar a incidência, o tipo de atividade exercida pela pessoa jurídica e a classificação contábil adotada para tais receitas.

Desse total de receita, somente poderiam ser deduzidas as exclusões, deduções e isenções concedidas pela legislação tributária.

Entretanto, o art. 185 da CRFB/1988 estabelecia que as contribuições sociais somente poderiam incidir sobre o faturamento, conceito que, segundo a jurisprudência da Suprema Corte, era entendido como o valor correspondente à venda de bens e serviços de qualquer natureza, não se confundindo com a totalidade das receitas auferidas pelo empregador.

Portanto, a Lei nº 9.718/1998, ao ampliar o conceito de faturamento, criou um novo recurso para o financiamento e a manutenção da seguridade social. Tal fato seria inconstitucional, pois de acordo com o art. 195, § 4º, da Constituição Federal, esse ato somente pode ser realizado por lei complementar, não sendo de competência da referida lei ordinária a criação de uma nova fonte de financiamento da seguridade social.

A respeito dessa matéria, posiciona-se Humberto Ávila:

> Diante desse quadro, as modificações introduzidas pela Lei nº 9.718 de 1998, quais sejam: a alteração da base de cálculo do PIS para a totalidade das receitas e, não apenas, a receita de venda de bens e serviços para quem efetua vendas de mercadorias e o lucro para quem é prestador de serviços, e alteração da base da COFINS, que passou a incluir a totalidade das receitas e, não apenas, o somatório de operações de venda de mercadorias ou prestação de serviços, são inconstitucionais. Em virtude dessa inconstitucionalidade, as modificações introduzidas pela Lei nº 9.718 de 1998 não têm, desde a sua edição e quando quer que seja, aptidão para produzir efeitos. A concreta possibilidade da

exigência de pagamento de acordo com a base de cálculo modificada constitui, portanto, ato ilegal digno de ser previamente sustado pelo Poder Judiciário.[169]

Nesse sentido, o posicionamento foi receptado pelos tribunais regionais federais, conforme decisão abaixo:

> TRIBUTÁRIO. LEI Nº 9.718/98. COFINS. ALTERAÇÃO DA BASE DE CÁLCULO E DA ALÍQUOTA.
> I. A Lei nº 9.718/98 alargou a base de cálculo da COFINS para nela incluir receitas que não integram o conceito de faturamento, previsto no inciso I do artigo 195 da Constituição Federal, antes de sua alteração pela Emenda Constitucional nº 20/98. Assim, tal tributação, antes da aludida Emenda, deveria ser instituída por meio de lei complementar (arts. 195, § 4º c/c 154, I, CF).
> II. Sendo ordinária a Lei nº 9.718/98, seu artigo 3º é inconstitucional. A superveniência da Emenda Constitucional nº 20/98 não convalida tal vício, a pretexto de lhe conferir fundamento de validade, devendo a COFINS ser recolhida com base na LC 70/91.
> III. Constitucionalidade do artigo 8º da Lei nº 9.718/98, pois o Supremo Tribunal Federal afirmou que a Lei Complementar nº 70/91 é materialmente ordinária, podendo, por isso, ser modificada por lei de mesma espécie (Ação Declaratória de Constitucionalidade nº 1-DF).
> IV. A exigência da alíquota majorada para os fatos geradores ocorridos a partir de 1º de fevereiro de 1999 (art. 17, I, Lei nº 9.718/98) não fere o princípio da anterioridade especial das

---

[169] ÁVILA, Humberto Bergmann. Cofins e PIS: inconstitucionalidade da modificação da base de cálculo e violação ao princípio da igualdade. *Repertório IOB de Jurisprudência*, São Paulo, n. 14, p. 436, jul. 1999. Caderno 1.

contribuições sociais. Entendimento do Supremo Tribunal Federal de que o decurso de noventa dias imposto por regra constitucional (art. 195, § 6º) é contado desde a adoção da medida provisória que foi convertida em lei.

[...]

VII. Agravo de instrumento a que se dá parcial provimento para determinar o recolhimento da COFINS com a alíquota majorada pela Lei nº 9.718/98.[170]

Posteriormente, foi promulgada a Lei nº 11.941/2009, que revogou a Lei nº 9.718/1998 e estabeleceu que, em regra, não mais é preciso discutir em juízo a inconstitucionalidade do alargamento de base de cálculo promovido pela Lei nº 9.718/1998, não sendo garantida, por outro lado, a possibilidade de compensação dos valores pagos em anos anteriores.

A Lei nº 9.718/1998 estabeleceu que o total das receitas compreende a receita bruta da venda de bens e serviços nas operações em conta própria ou alheia e todas as demais receitas auferidas pela pessoa jurídica, devendo a receita bruta ser tomada sem o IPI, mas sem dedução do ICMS destacado, que integra a receita bruta.

Imunidades, isenções e não incidências

IMUNIDADES

A contribuição para o PIS/Pasep e a Cofins não incidem sobre as receitas decorrentes de exportação, conforme disposto no art. 149, § 2º, I, da Constituição Federal.

---

[170] BRASIL. Tribunal Regional Federal. Terceira Região. Relator: juiz Johonsom Di Salvo. Julgamento em 12 de junho de 2002. *DJU*, 31 jan. 2003.

ISENÇÕES

De acordo com a IN SRF nº 247/2002, em seu art. 46:

São isentas da contribuição para o PIS/Pasep e da Cofins as receitas:

I - dos recursos recebidos a título de repasse, oriundos do orçamento geral da União, dos estados, do Distrito Federal e dos municípios, pelas empresas públicas e sociedades de economia mista;

II - da exportação de mercadorias para o exterior;

III - dos serviços prestados a pessoas físicas ou jurídicas residentes ou domiciliadas no exterior, cujo pagamento represente ingresso de divisas;

IV - do fornecimento de mercadorias ou serviços para o uso ou consumo de bordo em embarcações e aeronaves em tráfego internacional, quando o pagamento for efetuado em moeda conversível;

V - do transporte de cargas ou passageiros;

VI - auferidas pelos estaleiros navais brasileiros nas atividades de construção, conservação, modernização, conversão e reparo de embarcações pré-registradas ou registradas no Registro Especial Brasileiro, instituído pela Lei nº 9.432/1997;

VII - de frete de mercadorias transportadas entre o país e o exterior pelas embarcações registradas no Registro Especial Brasileiro, de que trata o art. 11 da Lei nº 9.432/1997;

VIII - de vendas realizadas pelo produtor-vendedor às empresas comerciais exportadoras nos termos do Decreto-Lei nº 1.248/1972, e alterações posteriores, desde que destinadas ao fim específico de exportação para o exterior;

IX - de vendas, com fim específico de exportação para o exterior, a empresas exportadoras registradas na Secretaria de Comércio Exterior do Ministério do Desenvolvimento, Indústria e Comércio Exterior;

X - decorrentes de comercialização de matérias-primas, produtos intermediários e materiais de embalagem, produzidos na Zona Franca de Manaus para emprego em processo de industrialização por estabelecimentos industriais ali instalados, e mediante projetos aprovados pelo Conselho de Administração da Superintendência da Zona Franca de Manaus (Suframa);

XI - [da atividade própria das entidades relacionadas no art. 13 da Medida Provisória nº 2.158-35/2001;]

XII - [auferidas pelas instituições privadas de ensino superior com fins lucrativos ou sem fins lucrativos não beneficentes, que aderirem ao Programa Universidade para Todos (Prouni), decorrentes de realização de atividades de ensino superior, proveniente de cursos de graduação ou sequenciais de formação específica].

Não incidências

As contribuições não incidem sobre o faturamento correspondente a vendas de materiais e equipamentos, bem como sobre a prestação de serviços decorrentes dessas operações, efetuadas diretamente a Itaipu Binacional, conforme previsto na Instrução Normativa SRF nº 247/2002, art. 44, I.

Regimes de incidência

Cumulativo

O PIS e a Cofins na incidência cumulativa são devidos em cada fase do processo de produção, sendo que não é permitido aos contribuintes recuperar as contribuições pagas em etapas anteriores.

São contribuintes do PIS e da Cofins na incidência cumulativa as empresas tributadas com base no lucro presumido, arbitrado ou optante pelo Simples Nacional, bem como as seguintes pessoas jurídicas:

1) bancos comerciais, bancos de investimentos, bancos de desenvolvimento, caixas econômicas, sociedades de crédito, financiamento e investimento, sociedades de crédito imobiliário, sociedades corretoras, distribuidoras de títulos e valores mobiliários, empresas de arrendamento mercantil, cooperativas de crédito, empresas de seguros privados e de capitalização, agentes autônomos de seguros privados e de crédito, entidades de previdência complementar abertas e fechadas e associações de poupança e empréstimo;
2) que tenham por objeto a securitização de créditos imobiliários, nos termos da Lei nº 9.514/1997, e financeiros;
3) operadoras de planos de assistência à saúde;
4) empresas particulares que exploram serviços de vigilância e transporte de valores, de que trata a Lei nº 7.102/1983;
5) pessoas jurídicas imunes a impostos;
6) sociedades cooperativas, exceto as de produção agropecuária e as de consumo.

Base de cálculo e alíquotas

As contribuições para o PIS e a Cofins, devidas pelas pessoas jurídicas de direito privado, serão calculadas com base no seu faturamento, o qual corresponde à receita bruta da pessoa jurídica. Entende-se por receita bruta a totalidade das receitas auferidas pela pessoa jurídica. São excluídas da receita bruta:

1) as vendas canceladas, os descontos incondicionais concedidos, o IPI e o ICMS, quando cobrado pelo vendedor dos bens ou prestador de serviços na condição de substituto tributário;
2) as reversões de provisões operacionais e recuperações de créditos baixados como perda, que não representem ingres-

so de novas receitas, o resultado positivo da avaliação de investimentos pelo valor do patrimônio líquido e os lucros e dividendos derivados de investimentos avaliados pelo custo de aquisição que tenham sido computados como receita;
3) os valores que, computados como receita, tenham sido transferidos para outra pessoa jurídica, observadas as normas regulamentadoras expedidas pelo Poder Executivo, conforme disposto na Lei nº 10.925/2004;
4) a receita não operacional decorrente da venda de bens do ativo permanente;
5) as receitas isentas ou tributadas a alíquota zero.

A alíquota do PIS é de 0,65% para todas as pessoas jurídicas. A de Cofins é de 3% para as pessoas jurídicas em geral e 4% para instituições financeiras, conforme exemplos a seguir.

Contabilização do PIS e Cofins cumulativo

Nesse caso, como normalmente ocorre com tributos não recuperáveis, os mesmos irão compor o custo do produto/serviço, devendo ser registrados em contas segregadas no resultado.

Tais contas serão redutoras da receita bruta da sociedade e serão contabilizadas em atendimento ao princípio da competência. Já a contrapartida ocorrerá na conta de tributos a recolher encontrada no passivo circulante.

Assim, os montantes relativos a PIS/Cofins cumulativos serão contabilizados da seguinte forma:

D – Despesa com PIS sobre vendas ou serviços (resultado).
C – PIS a recolher (passivo circulante – impostos a recolher).
D – Despesa com Cofins sobre vendas ou serviços (resultado).
C – Cofins a recolher (passivo circulante – impostos a recolher).

Seguem outros exemplos de apuração e contabilização do PIS/Cofins cumulativo:

Regime cumulativo

Suponha que a empresa "XYZ" tenha tido a seguinte movimentação em determinado período.

Receita bruta de venda – vendas internas	R$ 100.000,00
Receita bruta de vendas – vendas externas	R$ 30.000,00
Vendas canceladas	R$ 1.000,00
Imposto sobre produtos industrializados	R$ 5.000,00
Receitas financeiras	R$ 500,00

Com bases nesses valores, o cálculo da contribuição para o PIS e a COFINS seria efetuado da seguinte forma:

(+) Receita bruta de vendas – vendas internas	R$ 100.000,00
(+) Receitas financeiras	R$ 500,00
(–) Vendas canceladas	(R$ 1.000,00)
(–) Imposto sobre produtos industrializados	(R$ 5.000,00)
Base de cálculo do PIS e da COFINS	R$ 94.500,00
(x) Valor do PIS – 0,65%	R$ 614,25
(x) Valor da COFINS – 3%	R$ 2.835,00

O registro contábil do PIS e da COFINS ficaria assim:

Débito / Deduções do Faturamento Bruto – PIS sobre vendas	R$ 614,25
Débito / Deduções do Faturamento Bruto – COFINS sobre vendas	R$ 835,00
Crédito / Passivo Circulante / PIS a Recolher	R$ 614,25
Crédito / Passivo Circulante / COFINS a Recolher	R$ 2.835,00

- Calcule e contabilize o PIS e a COFINS sobre faturamento, na ordem de 0,65% e 3% respectivamente:.

Contabilização e cálculo do PIS e COFINS

Base de cálculo:
Faturamento bruto	31.500,00
(-) Vendas canceladas	(2.800,00)
Base de cálculo para PIS e COFINS	28.700,00
Cálculo do PIS = 0,65%	186,55
Cálculo da COFINS = 3%	861,00

Contabilização:

D - 520.04 PIS sobre faturamento	186,55
D - 520.05 COFINS Contribuição social	861,00
C - 212.04 PIS a recolher	186,55
C - 212.05 COFINS Contribuição social a recolher	861,00
Hist.: Apropriação do PIS e COFINS s/ faturamento do mês.	

Não cumulativo

Até 2002, o PIS/Pasep e a Cofins, incidentes sobre o faturamento das empresas, eram apurados somente na sistemática cumulativa, sendo vedado o desconto de créditos.

Esse cenário foi alterado com o advento da Medida Provisória nº 66/2002, convertida posteriormente na Lei nº 10.637, de 30 de dezembro de 2002, que introduziu a sistemática não cumulativa do PIS/Pasep. A não cumulatividade da Cofins veio em seguida, por meio da Medida Provisória nº 135/2003, convertida na Lei nº 10.833/2003.

Dessa forma, a partir de 1º de dezembro de 2002, em relação ao PIS/Pasep, e 1º de fevereiro de 2004, em relação à Cofins, passamos a conviver com dois regimes de apuração das contribuições: o cumulativo e o não cumulativo.

A nova sistemática de cálculo, todavia, ignorando o princípio da não cumulatividade, preferiu listar os créditos passíveis de dedução das contribuições. Dessa forma, a cada apuração, o contribuinte deverá analisar quais créditos poderá utilizar para deduzir do montante devido das contribuições.

Assim, a pessoa jurídica poderá recuperar o valor do PIS/Pasep e da Cofins pago como contribuinte de fato na compra de produtos fabricados por terceiros que venham a ser utilizados na produção e comercialização de bens e serviços.

A finalidade da nova sistemática de incidência seria a de reduzir os custos das empresas, evitando a incidência em cascata das contribuições.

BASE DE CÁLCULO E ALÍQUOTAS

A base de cálculo da contribuição é o valor do faturamento mensal da empresa, que abrange o total das receitas auferidas pela pessoa jurídica, independentemente de sua denominação ou classificação contábil.

O total das receitas, conforme preveem as leis nº 10.637/2002 e nº 10.833/2003, compreende a receita bruta da venda de bens e serviços nas operações em conta própria ou alheia e todas as demais receitas auferidas pela pessoa jurídica.

Portanto, além das receitas próprias da atividade da pessoa jurídica ("faturamento" em sentido estrito), deverão ainda ser adicionadas à base de cálculo as demais receitas auferidas, como é o caso, por exemplo, das receitas oriundas do aluguel de imóveis pertencentes ao contribuinte.

É importante observar que a receita deve ser tomada sem o IPI, mas sem dedução do ICMS destacado, que integra a receita bruta. Isso se justifica uma vez que o IPI é calculado por fora, enquanto o ICMS é calculado por dentro, ou seja, está dentro do valor correspondente à receita.

Não integram a base de cálculo, ou seja, poderão ser excluídas na apuração das contribuições, as receitas:

1) isentas ou não alcançadas pela incidência da contribuição ou sujeitas a alíquota zero;
2) não operacionais decorrentes da venda de ativo permanente;
3) auferidas pela pessoa jurídica revendedora, na revenda de mercadorias em relação às quais a contribuição seja exigida da empresa vendedora, na condição de substituta tributária;
4) referentes às vendas canceladas e aos descontos incondicionais concedidos e às reversões de provisões e recuperações de créditos baixados como perda que não representem ingresso de novas receitas, o resultado positivo da avaliação de investimentos pelo valor do patrimônio líquido e os lucros e dividendos derivados de investimentos avaliados pelo custo de aquisição que tenham sido computados como receita;
5) correspondentes ao ICMS, quando destacado em nota fiscal e cobrado pelo vendedor dos bens ou prestador dos serviços na condição de substituto tributário;
6) da parcela do ICMS recolhida antecipadamente, nos termos do parágrafo único da cláusula primeira do Protocolo ICMS nº 46/2000, por ocasião da importação do exterior ou da aquisição de Estado não signatário do aludido protocolo, a título de substituição tributária, de trigo em grão, farinha de trigo e mistura de farinha de trigo (ADI SRF nº 19/2004);
7) decorrentes da transferência onerosa, a outros contribuintes do ICMS, de créditos desse imposto originados de operações de exportação, conforme o disposto no inciso II do § 1º do art. 25 da Lei Complementar nº 87, de 13 de setembro de 1996.

O Ato Declaratório Interpretativo SRF nº 25/2003 esclareceu que não há incidência da Cofins e do PIS/Pasep sobre os valores recuperados a título de tributo pago indevidamente.

Os juros incidentes sobre o indébito tributário recuperado são receita nova e, sobre ela, incidem a Cofins e o PIS/Pasep.

A receita decorrente dos juros de mora devidos sobre o indébito reconhecido judicialmente deve compor as bases tributáveis da Cofins e do PIS/Pasep, observado o seguinte:

1) se a sentença que julgar a ação de repetição de indébito já definir o valor a ser restituído, é no seu trânsito em julgado que passam a ser receita tributável os juros de mora incorridos até aquela data; a partir de então, os juros incorridos em cada mês deverão ser reconhecidos como receita tributável do respectivo mês;
2) se a sentença que julgar a ação de repetição de indébito não definir o valor a ser restituído, é no trânsito em julgado da sentença dos embargos à execução fundamentados em excesso de execução (art. 741, V, do Código de Processo Civil), que passam a ser receita tributável os juros de mora incorridos até aquela data e, a partir de então, os juros incorridos em cada mês deverão ser reconhecidos pelo regime de competência como receita tributável do respectivo mês;
3) se a sentença que julgar a ação de repetição de indébito não definir o valor a ser restituído e a Fazenda Pública não apresentar embargos à execução, os juros de mora sobre o indébito passam a ser receita tributável na data da expedição do precatório.

A partir de 30 de dezembro de 2004, para efeito de determinação da base de cálculo da Cofins e do PIS/Pasep, os resultados positivos ou negativos incorridos nas operações realizadas em mercados de liquidação futura, inclusive os sujeitos a ajustes de posições, serão reconhecidos por ocasião da liquidação do contrato, cessão ou encerramento da posição.

O resultado positivo ou negativo será constituído pela soma algébrica dos ajustes, no caso das operações a futuro sujeitas a essa especificação, e pelo rendimento, ganho ou perda, apurado na operação, nos demais casos.

Esse tratamento aplica-se, no caso de operações realizadas no mercado de balcão, somente àquelas registradas nos termos da legislação vigente.

As mercadorias recebidas em bonificação são remessas feitas a determinado estabelecimento, muitas vezes vinculadas a promoções, cotas atendidas de vendas ou fidelidade de fornecedores, entre outros.

Para a pessoa jurídica que recebe essas bonificações, é importante considerar sua natureza, a fim de evitar a incidência das contribuições para o PIS/Pasep e a Cofins.

É preciso distinguir algumas diferentes formas de bonificação.

Há aquela bonificação que é recebida juntamente ou de forma vinculada a uma operação de compra. Nesse caso, pode-se tratá-la como a chamada "dúzia de treze", em que o valor da bonificação acaba por diminuir o custo unitário de cada produto recebido, não gerando receita quem recebe os produtos.

Esse mesmo tipo de bonificação pode ser considerado como desconto incondicional desde que conste da nota fiscal e não dependa de evento posterior à emissão do documento. Nessa hipótese, também não há que se falar de incidência das contribuições.

Nesse sentido, a solução de consulta abaixo esclarece:

> Processo de Consulta nº 10/09. Órgão: Superintendência Regional da Receita Federal. SRRF/4ª Região Fiscal
> Assunto: BONIFICAÇÕES EM MERCADORIAS. DESCONTO INCONDICIONAL. COMPOSIÇÃO DA RECEITA BRUTA. CUSTO DAS MERCADORIAS RECEBIDAS EM BONIFICAÇÕES.
> Ementa: As bonificações recebidas de fornecedores em forma de mercadorias podem representar descontos incondicionais, desde que constem da nota fiscal e não dependam de evento

posterior à emissão do documento. Portanto, nesta hipótese, não compõem a base de cálculo da COFINS, a título de receita obtida, correspondendo a um redutor do custo de aquisição das mercadorias. Neste caso, o valor a ser registrado como estoque das mercadorias é o efetivamente despendido na aquisição destas, segundo o princípio contábil do custo como base do valor, inexistindo receita vinculada às referidas bonificações, a título de recuperação de custos.
DISPOSITIVOS LEGAIS: Art. 1º, § 3º, V, "a", da Lei nº 10.833, de 2003;
Parecer CST/SIPR nº 1.386/82.
ASSUNTO: Contribuição para o PIS/PASEP.
Ementa: BONIFICAÇÕES EM MERCADORIAS. DESCONTO INCONDICIONAL. COMPOSIÇÃO DA RECEITA BRUTA. CUSTO DE MERCADORIAS RECEBIDAS EM BONIFICAÇÕES.
As bonificações recebidas de fornecedores em forma de mercadorias podem representar descontos incondicionais, desde que constem da nota fiscal e não dependam de evento posterior à emissão do documento. Portanto, nesta hipótese, não compõem a base de cálculo do PIS, a título de receita obtida, correspondendo a um redutor do custo de aquisição das mercadorias. Neste caso, o valor a ser registrado como estoque das mercadorias é o efetivamente despendido na aquisição destas, segundo o princípio contábil do custo como base do valor, inexistindo receita vinculada às referidas bonificações, a título de recuperação de custos.
DISPOSITIVOS LEGAIS: Art. 1º, § 3º, V, "a", da Lei nº 10.637, de 2002; Parecer CST/SIPR nº 1.386/82.

Há, no entanto, a possibilidade de recebimento de bonificações de forma isolada, desvinculada de qualquer compra. Nessa situação, por não haver aquisição juntamente ou vinculada à bonificação, a contabilização desse benefício acaba por influenciar a receita da empresa que a recebe, podendo, dessa forma, gerar dúvidas no que se refere à incidência das contribuições.

A alíquota do PIS é de 1,65% e a de Cofins é de 7,6% para as pessoas jurídicas em geral.

Créditos

Embora o título dessa modalidade de contribuição sugira a implantação da não cumulatividade, ressalte-se que a não cumulatividade ora instituída difere daquela aplicável para o IPI e o ICMS. Em verdade, as leis nº 10.637/2002 e nº 10.833/2003 preferiram a técnica de listar as operações que geram e as que não geram direito a crédito, conforme já mencionado.

De qualquer forma, alguns princípios podem ser identificados.

Como regra geral, o direito ao crédito do PIS/Pasep e da Cofins nasce com a aquisição, em cada mês, de bens e serviços que, na fase anterior da cadeia de produção ou de comercialização, se sujeitaram às mesmas contribuições e cuja receita da venda ou da revenda integrem a base de cálculo do PIS/Pasep e da Cofins "não cumulativos".

Na apropriação dos créditos, a pessoa jurídica deverá observar, ainda, os seguintes princípios que decorrem da regra geral:

1) só geram direito a crédito os dispêndios com aquisições internas de mercadorias e serviços junto a outra pessoa jurídica domiciliada no país;
2) não geram direito a crédito as aquisições e os pagamentos efetuados a pessoas físicas, domiciliadas no país, por serviços prestados, como assalariado ou não, ou por compras realizadas.

Do valor das contribuições a pagar apurado pela aplicação das alíquotas sobre a base de cálculo, a pessoa jurídica pode descontar créditos, determinados mediante a aplicação das alíquotas acima referidas sobre a base de cálculo dos créditos relativos a:

1) bens para revenda, exceto em relação às mercadorias e aos produtos sujeitos à incidência monofásica e à substituição tributária;
2) bens e serviços, inclusive combustíveis e lubrificantes, utilizados como insumos na produção ou fabricação de bens ou produtos destinados à venda ou na prestação de serviços;
3) energia elétrica e energia térmica, inclusive sob a forma de vapor, consumidas nos estabelecimentos da pessoa jurídica;
4) aluguéis de prédios, máquinas e equipamentos, pagos a pessoa jurídica, utilizados nas atividades da empresa;
5) até 31 de julho de 2004, despesas financeiras decorrentes de empréstimos e financiamentos tomados de pessoa jurídica, exceto quando esta fosse optante pelo Simples Federal (Lei nº 9.317/1996);
6) contraprestação de operações de arrendamento mercantil pagas a pessoa jurídica;
7) armazenagem de mercadoria e frete na operação de venda e na prestação de serviços, quando o ônus for suportado pelo vendedor;
8) vale-transporte, vale-refeição ou vale-alimentação, fardamento ou uniformes fornecidos aos empregados por pessoa jurídica que explore as atividades de prestação de serviços de limpeza, conservação e manutenção;
9) máquinas, equipamentos e outros bens incorporados ao ativo imobilizado, adquiridos ou fabricados para locação a terceiros ou para utilização na produção de bens destinados à venda ou na prestação de serviços;
10) edificações e benfeitorias em imóveis próprios, utilizados nas atividades da empresa;

11) devoluções, no mês, cuja receita de venda tenha integrado o faturamento do mês ou de mês anterior, e tenha sido tributada na sistemática da "não cumulatividade".

Segundo a Interpretação Técnica do Instituto dos Auditores Independentes do Brasil (Ibracon) n° 1, de junho de 2004, os créditos representam valores a recuperar de PIS e Cofins, motivo pelo qual devem ser registrados como ativos da sociedade, conforme disposto abaixo.

Contabilização do PIS e Cofins não cumulativo

No caso do PIS/Cofins não cumulativo, como explicitado acima, atendidos alguns requisitos, cabe ao contribuinte o desconto de créditos sobre bens e serviços adquiridos e utilizados como insumos.

Nesses casos, além das contabilizações relativas à apuração e ao pagamento do tributo, há que se atentar para a contabilização do crédito do imposto descontado sobre os bens e serviços adquiridos. Desse modo o montante de crédito deverá ser contabilizado no ativo da maneira como se segue.

Na compra de um bem no valor de 100,00 utilizado como insumo (créditos):

D. Estoque	90,75
D. PIS a recuperar (ativo circulante)	1,65
D. Cofins a recuperar (ativo circulante)	7,60
C. Custo de aquisição do bem	100,00

Já quando da apuração do imposto, o mesmo será contabilizado da seguinte maneira (créditos) (estimando uma receita de 1.000,00, exemplo de PIS):

D. Despesa de PIS (conta de resultado) 16,50
C. PIS a recolher (passivo circulante) 16,50

Por fim, quando da apuração contábil do imposto, deve-se realizar um lançamento a débito da conta de passivo (PIS a recolher), tendo como contrapartida um lançamento a crédito na conta do ativo (PIS a recuperar), baixando assim o crédito e, em nosso exemplo, apurando um imposto a pagar de 14,85.

Seguem abaixo, outro exemplo de contabilização de PIS/Cofins não cumulativos.

Considere os seguintes dados:	
Receita de vendas do mês	R$ 200.000,00
Base de cálculo dos créditos	R$ 200.000,00
PIS a recolher. 1,65%	R$ 3.300,00
Cofins a recolher. 7,6%	R$ 15.200,00
Assim:	
Lançamento no livro diário referente ao registro dos saldos a recolher	
Débito. PIS sobre faturamento	R$ 3.300,00
Crédito. PIS a recolher	R$ 3.300,00
Débito. Cofins sobre faturamento	R$ 15.200,00
Crédito. Cofins a recolher	R$ 15.200,00

Continua

Lançamento no livro razão referente ao registro dos saldos a recolher

PIS sobre faturamento		PIS a recolher	
Débito	Crédito	Débito	Crédito
3.300,00			3.300,00

Cofins sobre faturamento		Cofins a recolher	
Débito	Crédito	Débito	Crédito
15.200,00			15.200,00

Contabilização dos créditos de PIS e Cofins

Considere os seguintes dados:

Saldo da conta de PIS a recolher no período	R$ 10.725,00
Saldo da conta de Cofins a recolher no período	R$ 49.400,00
Compra de insumos	R$ 350.000,00
Despesa com energia elétrica	R$ 4.500,00
Despesa com aluguel (PJ)	R$ 8.000,00
Base de cálculo dos créditos	R$ 362.500,00
PIS a recuperar. 1,65%	R$ 5.981,25
Cofins a recuperar. 7,6%	R$ 27.550,00

Continua

Assim:

Lançamento no livro diário referente ao registro dos créditos

Débito. PIS a recuperar	R$ 5.981,25
Crédito. Despesa PIS	R$ 5.981,25
Débito. Cofins a recuperar	R$ 27.550,00
Crédito. Despesa Cofins	R$ 27.550,00

Lançamento no livro razão referente ao registro dos créditos

PIS a recuperar (R$)		Despesa PIS (R$)	
Débito	Crédito	Débito	Crédito
5.981,25			5.981,25

Cofins a recuperar (R$)		Despesa Cofins (R$)	
Débito	Crédito	Débito	Crédito
27.550,00			27.550,00

Posteriormente:

Lançamento no livro diário referente à compensação dos créditos

Crédito. PIS a recuperar	R$ 5.981,25
Débito. PIS a recolher	R$ 5.981,25
Crédito. Cofins a recuperar	R$ 27.550,00
Débito. Cofins a recolher	R$ 27.550,00

Continua

Lançamento no livro razão referente à compensação dos créditos					
	PIS a Recuperar (R$)		**PIS a recolher (R$)**		
	Débito	Crédito	Débito	Crédito	
(SI)	5.981,25	5.981,25	5.981,25	10.725,00	(SI)
	0,00			4.743,75	

	Cofins a Recuperar (R$)		**Cofins a recolher (R$)**		
	Débito	Crédito	Débito	Crédito	
(SI)	27.550,00	27.550,00	27.550,00	49.400,00	(SI)
	0,00			21.850,00	

Conceito de insumos

Acerca do tema, cabe ainda ressaltar que com o advindo da Instrução Normativa SRF nº 404/2004, houve uma discussão acerca da amplitude do crédito de insumos para fins de PIS e Cofins, tendo em vista que a referida instrução normativa aplicou ao PIS e à Cofins conceito semelhante ao da legislação do IPI:

> Art.8º [...]
> § 4º. Para efeitos da alínea "b" do inciso I do *caput*, entende-se como insumos:
> I - utilizados na fabricação ou produção de bens destinados à venda:
> a) a matéria-prima, o produto intermediário, o material de embalagem e quaisquer outros bens que sofram alterações, tais como o desgaste, o dano ou a perda de propriedades físicas ou químicas, em função da ação diretamente exercida sobre o produto em fabricação, desde que não estejam incluídas no ativo imobilizado;

b) os serviços prestados por pessoa jurídica domiciliada no País, aplicados ou consumidos na produção ou fabricação do produto;

II - utilizados na prestação de serviços:

a) os bens aplicados ou consumidos na prestação de serviços, desde que não estejam incluídos no ativo imobilizado; e

b) os serviços prestados por pessoa jurídica domiciliada no País, aplicados ou consumidos na prestação de serviços;

A controvérsia sobre o tema refere-se à divergência de bases de incidência entre os tributos em questão, tornando assim inválida a correlação realizada pela instrução normativa, conforme interpretação do Tribunal Regional Federal, como se segue:

> TRIBUTÁRIO. PIS. COFINS. LEIS Nos 10.637/2002 E 10.833/2003, ART. 3º, INCISO II. NÃO CUMULATIVIDADE. AUSÊNCIA DE PARALELO COM O IPI. CREDITAMENTO DE INSUMOS. SERVIÇOS DE LOGÍSTICA DE ARMAZENAGEM, EXPEDIÇÃO DE PRODUTOS E CONTROLE DE ESTOQUES. ILEGALIDADE DAS INSTRUÇÕES NORMATIVAS SRF Nos 247/2002 E 404/2004. CRITÉRIO DE CUSTOS E DESPESAS OPERACIONAIS.
>
> 1. O regime constitucional da não cumulatividade de PIS e COFINS, à míngua de regramento infraconstitucional, serve, no máximo, como objetivo a ser atingido pela legislação então existente. Não é apropriado como parâmetro interpretativo, visto que a EC nº 42/2003 descurou de estabelecer qualquer perfil ao regime não cumulativo dessas contribuições. Por conseguinte, a expressão "não cumulativas" constitui uma diretriz destituída de conteúdo normativo, ou seja, não é um princípio nem uma regra.
>
> 2. Não há paralelo entre o regime não cumulativo de IPI/ICMS e o de PIS/COFINS, justamente porque os fatos tributários

que os originam são completamente distintos. O IPI e o ICMS incidem sobre as operações com produtos industrializados e a circulação de bens e serviços em inúmeras etapas da cadeia econômica; a não cumulatividade visa evitar o efeito cascata da tributação, por meio da técnica de compensação de débitos com créditos. Já o PIS e a COFINS incidem sobre a totalidade das receitas auferidas, não havendo semelhança com a circulação característica de IPI e ICMS, em que existem várias operações em uma cadeia produtiva ou circulatória de bens e serviços. Assim, a técnica empregada para concretizar a não cumulatividade de PIS e COFINS se dá mediante redução da base de cálculo, com a dedução de créditos relativos às contribuições que foram recolhidas sobre bens ou serviços objeto de faturamento em momento anterior.

3. O art. 3º, inciso II, das Leis nos 10.6372/002 e 10.833/2003, ao estabelecer as hipóteses de creditamento para efeito de dedução dos valores da base de cálculo do PIS e da COFINS, prevê o aproveitamento de bens e serviços utilizados como insumo na produção ou na fabricação de bens ou produtos destinados à venda ou na prestação de serviços, inclusive combustíveis e lubrificantes.

4. Conquanto o legislador ordinário não tenha definido o que são insumos, os critérios utilizados para pautar o creditamento, no que se refere ao IPI, não são aplicáveis ao PIS e à COFINS. É necessário abstrair a concepção de materialidade inerente ao processo industrial, porque a legislação também considera como insumo os serviços contratados que se destinam à produção, à fabricação de bens ou produtos ou à execução de outros serviços. Serviços, nesse contexto, são o resultado de qualquer atividade humana, quer seja tangível ou intangível, inclusive os que são utilizados para a prestação de outro serviço.

5. As Instruções Normativas SRF nos 247/2002 e 404/2004, que admitem apenas os serviços aplicados ou consumidos na

produção ou fabricação do produto como insumos, não oferecem a melhor interpretação ao art. 3º, inciso II, das Leis nºs 10.637/2002 e 10.833/2003. A concepção estrita de insumo não se coaduna com a base econômica de PIS e COFINS, cujo ciclo de formação não se limita à fabricação de um produto ou à execução de um serviço, abrangendo outros elementos necessários para a obtenção de receita com o produto ou o serviço.
6. O critério que se mostra consentâneo com a noção de receita é o adotado pela legislação do imposto de renda. Insumos, então, são os gastos que, ligados inseparavelmente aos elementos produtivos, proporcionam a existência do produto ou serviço, o seu funcionamento, a sua manutenção ou o seu aprimoramento. Sob essa ótica, o insumo pode integrar as etapas que resultam no produto ou serviço ou até mesmo as posteriores, desde que seja imprescindível para o funcionamento do fator de produção.
7. As despesas com serviços de armazenagem, expedição de produtos e controle de estoques enquadram-se no conceito de insumos, uma vez que são necessárias e indispensáveis para o funcionamento da cadeia produtiva.[171]

O tema também é objeto de análise por parte do Superior Tribunal de Justiça (STJ), no Recurso Especial nº 1246317/MG, que teve julgamento parcial em 16 de junho de 2011 e atualmente está pendente de julgamento final. Essa primeira decisão sobre o caso, da Segunda Turma do STJ, também está sendo favorável aos contribuintes e permite a ampliação do conceito de insumos para que gastos que sejam considerados essenciais para a atividade da empresa, como custos e despesas operacio-

---

[171] BRASIL. Tribunal Regional Federal. Quarta Região. Apelação Cível nº 0029040-40.2008.404.7100/RS. Relator: desembargador federal Joel Ilan Paciornik. Julgamento em 13 de julho de 2011. *DE*, 20 jul. 2011.

nais, possam dar direito a créditos de PIS e Cofins, ainda que esses gastos não sejam diretamente aplicados ou consumidos na produção ou prestação dos serviços. Embora essa decisão ainda não tenha chegado ao fim, a maioria dos ministros que compõe a Segunda Turma, incluindo o relator do caso e mais três ministros, já votaram a favor dos contribuintes e do registro dos créditos. O julgamento foi suspenso e aguarda os votos dos demais ministros.

Prescrição dos créditos

Muito se discutiu sobre a existência ou não de prazo para a utilização dos créditos decorrentes da não cumulatividade das contribuições sociais. Para sanar a dúvida, alguns contribuintes ingressaram com consultas formais perante a Receita Federal do Brasil para verificar o posicionamento da administração tributária em relação ao assunto, e as decisões exaradas pelas regiões fiscais eram divergentes.

Nesse sentido, buscando uniformizar o entendimento administrativo em relação ao assunto a coordenação-geral, por meio da Solução de Divergência nº 21/2011, se posicionou no sentido de que os direitos creditórios referidos no art. 3º da Lei nº 10.637/2002 e no art. 3º da Lei nº 10.833/2003 estão sujeitos ao prazo prescricional previsto no art. 1º do Decreto nº 20.910, de 6 de janeiro de 1932 (prazo quinquenal).

Conforme dispõs o coordenador-geral, os fatos geradores dos direitos creditórios decorrentes da não cumulatividade das contribuições sociais têm natureza complexa e aperfeiçoam-se no último dia do mês da apuração; por esse motivo, o termo de início para contagem do prazo prescricional relativo a esses direitos creditórios é o primeiro dia do mês subsequente ao de sua apuração. Veja a ementa da solução de divergência:

SOLUÇÃO DE DIVERGÊNCIA Nº 21, DE 29 DE JULHO DE 2011
ASSUNTO: NORMAS DE ADMINISTRAÇÃO TRIBUTÁRIA
EMENTA: EXISTÊNCIA E TERMO DE INÍCIO DO PRAZO PRESCRICIONAL DOS CRÉDITOS REFERIDOS NO ART. 3º DA LEI Nº 10.637, DE 30 DE DEZEMBRO DE 2001; E NO ART. 3º DA LEI Nº 10.833, DE 29 DE DEZEMBRO DE 2003.

Os direitos creditórios referidos no art. 3º da Lei nº 10.637, de 30 de dezembro de 2002, e no art. 3º da Lei nº 10.833, de 29 de dezembro de 2003, estão sujeitos ao prazo prescricional previsto no art. 1º do Decreto nº 20.910, de 06 de janeiro de 1932.

Os fatos geradores dos direitos creditórios referidos no art. 3º da Lei nº 10.637, de 2002, e no art. 3º da Lei nº 10.833, de 2003, têm natureza complexa e aperfeiçoam-se no último dia do mês da apuração.

O termo de início para contagem do prazo prescricional relativo aos direitos creditórios referidos no art. 3º da Lei nº 10.637, de 2002, e no art. 3º da Lei nº 10.833, de 2003, é o primeiro dia do mês subsequente ao de sua apuração;

DISPOSITIVOS LEGAIS: art. 1º do Decreto nº 20.910, de 06 de janeiro de 1932; art. 3º da Lei nº 10.637, de 30 de dezembro de 2001; art. 3º da Lei nº 10.833, de 29 de dezembro de 2003.

FERNANDO MOMBELLI. Coordenador-Geral.

Assim, a partir dessa decisão, que vincula a administração tributária, os créditos deverão ser utilizados em cinco anos contados a partir do primeiro do mês subsequente ao de sua apuração e, findo esse prazo, os créditos remanescentes não utilizados devem ser baixados contabilmente como perda.

Período de apuração e prazo para pagamento

O período de apuração do PIS e da Cofins é mensal, e seu prazo de recolhimento é até o último dia útil do mês subsequente ao da ocorrência do fato gerador, de forma que mensalmente devem-se verificar as receitas auferidas, para fins de análise da incidência da contribuição para o PIS/Pasep e da Cofins.

PIS e Cofins-importação

Instituído pela Medida Provisória nº 164/2004, posteriormente convertida na Lei nº 10.865/2004, o PIS/Cofins-importação incide sobre a importação de bens e serviços provenientes do exterior prestados por pessoa física ou pessoa jurídica residente ou domiciliada no exterior, nas hipóteses em que sejam executados no país ou executados no exterior, cujo resultado se verifique no país.

A base de cálculo de tal tributo é calculada pela fórmula prevista na Instrução Normativa RFB nº 1.401/2013, que dispõe o seguinte:

> Art. 1º. Os valores a serem pagos relativamente à Contribuição para o PIS/Pasep-importação e à Contribuição para o Financiamento da Seguridade Social (Cofins-importação) serão obtidos pela aplicação das seguintes fórmulas:
> I - na importação de bens sujeitos a alíquota específica, a alíquota da contribuição fixada por unidade do produto multiplicada pela quantidade importada;
> II - na importação de bens não abrangidos pelo inciso anterior, a alíquota da contribuição sobre o Valor Aduaneiro da operação;
> III - na importação de serviços:
>
> $Cofins_{IMPORTAÇÃO} = d \times V \times Z$
>
> $PIS_{IMPORTAÇÃO} = c \times V \times Z$

onde:

$$Z = \left[\frac{1+f}{(1-c-d)} \right]$$

V = o valor pago, creditado, entregue, empregado ou remetido para o exterior, antes da retenção do imposto de renda
c = alíquota da Contribuição para o PIS/Pasep-importação
d = alíquota da Cofins-importação
f = alíquota do Imposto Sobre Serviços de Qualquer Natureza

Assim, com o início da incidência do PIS/Pasep e da Cofins na importação, em 1º de maio de 2004, as pessoas jurídicas sujeitas à apuração das contribuições internas pela sistemática da "não cumulatividade" passaram a poder descontar crédito, para fins de determinação dessas contribuições, em relação às importações tributadas.

Destaca-se que, em relação às contribuições incidentes na importação, é possível descontar créditos, inclusive nos pagamentos efetuados a pessoas físicas, desde que tenha havido incidência do PIS/Pasep-importação e da Cofins-importação.

Não geram créditos:

1) para a pessoa jurídica revendedora, as aquisições de mercadorias em relação às quais a contribuição seja exigida do fornecedor, na condição de substituto tributário;
2) as aquisições de bens ou serviços não sujeitos ao pagamento da contribuição, inclusive no caso de isenção, esse último quando revendidos ou utilizados como insumo em produtos ou serviços sujeitos à alíquota zero, isentos ou não alcançados pela contribuição;

3) o pagamento de que trata o art. 2º da Lei nº 10.485/2002, devido pelo fabricante ou importador ao concessionário, pela intermediação ou entrega dos veículos classificados nas posições 87.03 e 87.04 da Tipi;
4) as aquisições de produtos que, nas fases anteriores da cadeia, se submeteram à incidência monofásica da contribuição.

Cabe ressaltar que, nesses casos, o crédito corresponderá ao valor do tributo destacado na nota, ou na *invoice* da importação (valores exemplificativos).

A contabilização se dará como exemplificado abaixo.

PIS/Cofins-importação, nos valores de R$ 1.000,00 e R$ 5.000,00:

1) Na importação:

D. PIS a recuperar (ativo circulante)	1.000,00
C. PIS-importação a recolher (passivo circulante)	1.000,00
D. Cofins a recuperar (ativo circulante)	5.000,00
C. Cofins-importação a recolher (passivo circulante)	5.000,00

2) No pagamento do tributo:

D. PIS-importação a recolher (passivo circulante)	1.000,00
C. Caixa/bancos conta movimento (ativo circulante)	1.000,00
D. Cofins-importação a recolher (passivo circulante)	5.000,00
C. Caixa/bancos conta movimento (ativo circulante)	5.000,00

3) Compensação do crédito

D. PIS receita bruta a recolher (passivo circulante)	1.000,00
C. PIS a recuperar (ativo circulante)	1.000,00
D. Cofins receita bruta a recolher (passivo circulante)	5.000,00
C. Cofins a recuperar (ativo circulante)	5.000,00

Nos casos em que o contribuinte não puder descontar crédito do PIS/Cofins-importação, o mesmo será considerado custo e será, em um primeiro momento, lançado contra ativo, enquanto estiver contabilizado no passivo como tributo a recolher.

Cide-combustíveis

Com a promulgação da Emenda Constitucional nº 33/2001, foram adicionados os §§ 2º, 3º e 4º ao art. 149 da Constituição Federal, os quais autorizam a União a instituir a Contribuição de Intervenção no Domínio Econômico incidente sobre a importação de petróleo, gás natural e álcool combustível.

A emenda constitucional também acrescentou o § 4º ao art. 177 da CRFB/1988, dispondo que a lei que instituir Contribuição de Intervenção no Domínio Econômico relativa às atividades de importação ou comercialização de petróleo e seus derivados, gás natural e álcool combustível, deverá atender aos seguintes requisitos:

1) a alíquota da contribuição poderá ser diferenciada por produto ou uso e reduzida e restabelecida por ato do Poder Executivo, não sendo aplicável o princípio da anterioridade, disposto no art. 150, III, "b", da Constituição Federal;
2) os recursos arrecadados pela União deverão ser destinados: ao pagamento de subsídios a preço ou transporte de álcool

combustível, gás natural e derivados de petróleo; ao financiamento de projetos ambientais relacionados com a indústria do petróleo e do gás; e ao financiamento de programas de infraestrutura de transportes.

Diante da autorização constitucional, foi editada a Lei nº 10.336/2001, por meio da qual foi instituída a Contribuição de Intervenção no Domínio Econômico incidente sobre a importação e a comercialização de petróleo, gás natural e seus derivados, bem como, álcool combustível, denominada Cide-combustíveis, que tem como contribuintes:

1) o produtor;
2) o formulador;
3) o importador dos combustíveis.

A referida contribuição tem como fatos geradores as operações realizadas pelos contribuintes acima elencados, de importação e de comercialização no mercado de *diesel*, querosene de aviação, óleos combustíveis, gás liquefeito (gás natural e de nafta) e álcool combustível.

A matéria foi objeto da Emenda Constitucional nº 44/2004, a qual estabeleceu que o percentual de participação dos estados e Distrito Federal na arrecadação da Cide-combustíveis seria de 29%.

Com o advindo da Lei nº 10.636/2002, foi estabelecido que a base de cálculo da Cide-combustível será determinada pela quantidade dos produtos sujeitos a sua incidência, importados ou comercializados no mercado interno, expressa na unidade de medida estabelecida para cada produto, conforme disposto no art. 5º da referida lei, o qual estabeleceu que a Cide-combustíveis terá, na importação e na comercialização no mercado interno, as seguintes alíquotas específicas:

1) gasolina: R$ 860,00 por m³;
2) *diesel*: R$ 390,00 por m³;
3) querosene de aviação: R$ 92,10 por m³;
4) outros querosenes: R$ 92,10 por m³;
5) óleos combustíveis com alto teor de enxofre: R$ 40,90 por t;
6) óleos combustíveis com baixo teor de enxofre: R$ 40,90 por t;
7) gás liquefeito de petróleo, inclusive o derivado de gás natural e da nafta: R$ 250,00 por t.

A referida legislação ainda estabelece, em seu art. 7º, que do valor da Cide-combustíveis incidente na comercialização, no mercado interno, dos produtos referidos no art. 5º, poderá ser deduzido o valor da Cide-combustíveis:

1) pago na importação daqueles produtos;
2) incidente quando da aquisição daqueles produtos de outro contribuinte.

Cabe ressaltar que a dedução descrita acima deverá ser efetuada pelo valor global da Cide-combustíveis pago nas importações realizadas no mês, não sendo necessária a segregação por espécie de produto.

Questões de automonitoramento

1) Analise o conceito de faturamento.
2) Qual a principal diferença entre o regime de incidência cumulativo e o regime de incidência não cumulativo?
3) Identifique os principais aspectos de cada sistemática de PIS e Cofins.
4) Explique a Contribuição de Intervenção no Domínio Econômico incidente sobre a importação e a comercialização de petróleo, gás natural e álcool combustível (Cide-combustíveis).
5) Pense e descreva, mentalmente, alternativas para as soluções do caso gerador do capítulo 4.

4

Sugestões de casos geradores

PIS/Cofins (cap. 1)

1) As Leis nº 10.637/2002 e nº 10.833/2003 estabelecem, como regra geral, que o PIS e a Cofins serão cobrados pelo regime da não cumulatividade. Essa mesma lei restringe os créditos que poderão ser descontados pelo contribuinte.

   Sob essas premissas, uma empresa fabricante de níquel contratou uma empresa de consultoria para fazer um levantamento de quais itens seriam passíveis de crédito do PIS e da Cofins dentro do conceito de insumo.

   A empresa de consultoria contratada levantou algumas despesas relativas a itens que poderiam ser passíveis de crédito, entre eles:

   a) materiais para detonação, tais como dinamites e cordel de detonação, utilizados para fragmentar por detonação ocorrências mais compactas, por exemplo, rochas contidas nas minas de níquel. Essas fragmentações são essenciais para viabilizar a operação de mineração e operação posterior de britagem;

b) lona utilizada para proteger o minério estocado em pilhas contra chuvas, pois a etapa de secagem posterior consome grande quantidade de energia;
c) rolos dentados: a britagem é feita em britadores de rolos. Trata-se da primeira etapa de beneficiamento de minério, em que há redução do tamanho das partículas para medida inferior a 75 mm;
d) correias transportadoras: após a britagem o minério é transportado por correias transportadoras para a unidade de moagem e transporte no setor de moagem;
e) corpos moedores: o minério de níquel precisa ser moído suficientemente fino, para que o gás redutor (CO+H2) possa difundir-se rapidamente até o centro dos grãos. Os corpos moedores (martelos de britadores e bolas de moinho) e as placas de revestimento dos moinhos se desgastam por abrasão e impacto em contato direto com o minério em processamento;
f) material refratário que reveste os fornos: são materiais utilizados para revestir os reatores de altas temperaturas (câmaras de combustão para secagem e geração de vapor, e em fornos de redução). Os revestimentos são necessários para proteger a carcaça metálica dos reatores e das câmaras de combustão, para diminuir a perda térmica para a atmosfera, melhorando a eficiência térmica dos reatores. O minério é carregado no forno de redução e ali se movimenta continuamente em contato com os revestimentos, desgastando-os por abrasão. O minério de níquel entra em contato direto com os revestimentos refratários dos fornos de redução;
g) filtros de manga: são sacos filtrantes de tecidos especiais utilizados para reter partículas finas que saem juntamente com os gases. Fazem parte do sistema de limpeza dos gases do processo produtivo.

É possível classificar tais itens como insumos para fins de apuração de crédito do PIS e Cofins não cumulativo?

Caso as autoridades fiscais questionem essa classificação, quais seriam os argumentos e provas que poderiam ser usados para defender a utilização do crédito?

2) No caso da isenção do PIS/Cofins na importação de um dos produtos acima listados, caberia direito a compensar créditos calculados com base nesta importação contra o PIS/Cofins incidente sobre as receitas auferidas com a venda do minério?

3) Incide PIS/Cofins sobre remessa de *royalties* para o exterior? E sobre a remessa do pagamento ao exterior por *leasing* operacional, com opção de compra, de uma máquina utilizada na extração do níquel?

Contribuições de intervenção no domínio econômico (cap. 2)

Caso 1

Indústria de combustíveis fósseis do Brasil (Dino S/A) impetrou ação declaratória de inexistência de relação jurídico-tributária pretendendo afastar a incidência de Contribuição de Intervenção no Domínio Econômico (Cide) instituída pela Lei nº 10.168/2000, alterada pela Lei nº 10.332/2001 e pela MP nº 2.159/2001, e regulamentada pelos Decretos nº 3.949/2001 e nº 4.195/2002. Tal contribuição é conhecida como Cide-remessas (Cide-*royalties*), cuja finalidade apontada pela lei é custear o Programa de Estímulo à Interação Universidade-Empresa para o Apoio à Inovação entre universidades, centros de pesquisas e o setor produtivo, com seus recursos destinados ao FNDCT.

Fato é que a empresa Dino S/A celebrou diversos contratos com empresa estrangeira, os quais envolveram: (1) licença de aquisição, uso e exploração de conhecimento tecnológico de patente de processo de fabricação de combustível nuclear; (2) serviços de assistência técnica e técnicos especializados na manutenção e guarda de combustível nuclear; (3) prestação de serviços técnicos, de assistência administrativa e semelhantes, como assessoria genérica em usinas nucleares.

A demandante insurge-se contra a exação com base nos seguintes argumentos:

❏ violação da reserva de lei complementar;
❏ inexistindo a efetiva intervenção no domínio econômico, o tributo em questão é um verdadeiro adicional ao imposto de renda, ocorrendo *bis in idem*;
❏ inexiste a proporcionalidade entre a finalidade e a intervenção, pois os sujeitos passivos não sofrem qualquer intervenção correlata à exação;
❏ não há transferência de tecnologia nos contratos listados acima nos itens (2) e (3), o que inviabiliza a tributação.

Responda fundamentadamente: procedem tais alegações da Dino S/A?

Caso 2

Forceone, empresa consumidora de gás propelente (butano e propano especiais), postula a declaração de inexistência de relação jurídico-tributária, bem com a repetição de indébito, por sofrer o ônus financeiro decorrente da elevação do preço de seus produtos, face à incidência da Cide-combustíveis. Alega que o prejuízo econômico-financeiro a legitima para o ajuizamento da ação, uma vez que participa como contribuinte de fato da relação jurídico-tributária estabelecida entre a União e os sujeitos passivos de tais contribuições. Aduz que a Cide é um tributo indireto, nos moldes do IPI e do ICMS, repercutindo o ônus financeiro da tributação em suas operações comerciais. Ademais, pontua que a tributação monofásica do combustível nas refinarias aumenta sua carga tributária de forma confiscatória, já que torna a não cumulatividade inaplicável ao caso concreto por não se tratar de substituição tributária. Tem razão a Forceone na sua irresignação?

Contabilidade tributária: PIS, Cofins e Cide (cap. 3)

Uma joalheria tem como atividade a revenda de pedras e a prestação de serviços de conservação de joias. Atualmente, tal joalheria recolhe PIS/Cofins pela sistemática da não cumulatividade. No entanto, o novo contador da loja sugere aos administradores uma mudança para que a joalheria passe a recolher as contribuições pela sistemática da cumulatividade.

Pergunta-se:

1) A joalheria poderia, no primeiro momento, recolher PIS/Cofins não cumulativos? Quais seriam os requisitos para tanto?
2) É possível a alteração para a sistemática da cumulatividade? Como?
3) A alteração proposta será benéfica para a joalheria? Considerando a expectativa de crescimento e expansão do negócio, qual seria um potencial impeditivo para a manutenção da apuração do PIS e da Cofins com base nessa sistemática?

Abaixo, informações da contabilidade da joalheria.

Receitas:

Receita prestação de serviços	525.000,00
Receita vendas	800.000,00

Despesas/custos:

Energia elétrica	50.000,00
Produtos químicos utilizados na prestação de serviços	100.000,00
Salário dos funcionários	10.000,00
Custo da pedra bruta	400.000,00

Conclusão

O objetivo do estudo aqui proposto foi o de buscar elementos que orientassem o leitor sobre as especificidades das contribuições especiais, que figuram como relevante instrumento para a estruturação do Sistema Tributário Nacional. Verificamos, assim, que as contribuições sociais, que guardam fundamento na previsão constitucional contida no art. 149 e remanescem condicionadas, ao mesmo tempo, aos requisitos do art. 195 da Carta da República de 1988, destinam-se ao financiamento, manutenção e expansão da seguridade social, inexistindo, contudo, a exigência de previsão normativa que decline a referibilidade entre uma atividade estatal e o indivíduo que contribui.

Foi possível observar, igualmente, que as contribuições de intervenção no domínio econômico traduzem-se por meios geradores de recursos a serem vertidos pelo Estado, quando desenvolva ações que interfiram na economia, a fim de promover sua adequação ao cenário político, econômico e social do país. Os recursos arrecadados têm, portanto, destinação específica, qual seja, o emprego do *quantum* apurado no fomento de determinado setor econômico.

Da mesma forma, as contribuições de interesse das categorias profissionais ou econômicas, em que o Estado ou entidades não estatais que exercem funções de interesse público atuam – valendo-se dos recursos resultantes de sua arrecadação –, exigem a vinculação do montante arrecadado pelo fisco sem que haja, no antecedente normativo, o mencionado grau de referibilidade típico de outras espécies tributárias.

A intenção, portanto, foi fomentar a reflexão sobre os aspectos tanto de natureza contábil quanto jurídica, decorrentes da utilização, pelo ente tributante, de tal espécie, cujo objetivo primevo não está em custear as funções gerais e indivisíveis do Estado, nem na oferta de uma contraprestação estatal. Em verdade, o que confere particularidade às contribuições é a destinação específica do produto de sua arrecadação ao exercício de determinada atividade por órgãos estatais, paraestatais ou entidades reconhecidas pelo próprio Estado como úteis à consecução de uma função de interesse público.

Com essa abordagem didática, buscou-se contribuir para a construção de uma visão crítica acerca dos efeitos da carga tributária decorrente da incidência das contribuições especiais, notadamente no que tange ao papel que exercem para o incremento das condições econômicas do desenvolvimento do país. Ao final, pretendeu-se colaborar com a identificação dos instrumentos técnico-jurídicos destinados aos profissionais que atuam na área tributária para que encontrem soluções adequadas para os problemas normalmente enfrentados pelos contribuintes.

Referências

AMARO, Luciano. *Direito tributário brasileiro*. 12. ed. São Paulo: Saraiva, 2006.

ANAN JR., Pedro. O conceito de insumos e a não cumulatividade do PIS e Cofins. In: _____ (Coord.). *Planejamento fiscal*. São Paulo: Quartier Latin, 2009. v. II.

_____. A questão do crédito de PIS e Cofins no regime da não cumulatividade. *Revista de Estudos Tributários*, Porto Alegre, n. 76, p. 29-54, 2010.

ANDRADE FILHO, Edmar O. *Créditos de PIS e Cofins sobre insumos*. São Paulo: Prognose, 2010.

ATALIBA, Geraldo; GIARDINO, Cléber. PIS: exclusão do ICM de sua base de cálculo. *Revista de Direito Tributário*, São Paulo, n. 35, 1986.

ÁVILA, Humberto Bergmann. Cofins e PIS: inconstitucionalidade da modificação da base de cálculo e violação ao princípio da igualdade. *Repertório IOB de Jurisprudência*, São Paulo, n. 14, p. 435-442, jul. 1999. Caderno 1.

BALEEIRO, Aliomar. *Limitações constitucionais ao poder de tributar.* 7. ed. atual. Misabel Derzi. Rio de Janeiro: Forense, 2001.

CARRAZZA, Roque Antonio. *Curso de direito constitucional tributário.* 19. ed., 2. tir. São Paulo: Malheiros, 2003.

COÊLHO, Sacha Calmon Navarro. *Curso de direito tributário brasileiro.* 5. ed., Rio de Janeiro: Forense, 2000.

FERREIRA, Aurélio Buarque de Holanda. *Novo Aurélio século XXI.* 3. ed. Rio de Janeiro: Nova Fronteira, 1999.

GONÇALVES, José Artur Lima. Cofins – Alíquota Aumentada – Compensação com a CSLL – Isonomia – Inconstitucionalidade. *Revista Dialética de Direito Tributário,* São Paulo, v. 46, p. 119-133, 1999.

GRECO, Marco Aurélio. *Contribuições (uma figura "sui generis").* São Paulo: Dialética, 2000.

____ (Coord.). *Contribuições de intervenção no domínio econômico e figuras afins.* São Paulo: Dialética, 2001.

____. Contribuições de intervenção no domínio econômico – perfil constitucional: elementos para um modelo de controle. In: GOMES, Marcus Lívio; ANTONELLI, Leonardo Pietro (Coord.). *Curso de direito tributário brasileiro.* 2. ed. esp. São Paulo: Quartier Latin, 2010. v. 2.

HORVATH, Estevão. *Contribuições de intervenção no domínio econômico.* São Paulo: Dialética, 2009.

MACHADO, Hugo de Brito. *Curso de direito tributário.* 21. ed. rev., atual. e ampl. São Paulo: Malheiros, 2002.

____. *Curso de direito tributário.* 24. ed. São Paulo: Malheiros, 2004.

MACHADO SEGUNDO, Hugo de Brito. Contribuições de intervenção no domínio econômico. In: MARTINS, Ives Gandra da Silva (Coord.). *Contribuições de intervenção no domínio econômico.* São Paulo: Centro de Extensão Universitária, 2002. Edição 8 de Pesquisas Tributárias.

MELO, José Eduardo Soares de. *Contribuições sociais no sistema tributário*. 4. ed. São Paulo: Malheiros, 2003.

_____. *Contribuições sociais no sistema tributário*. 6. ed. rev., atual. e ampl. São Paulo: Malheiros, 2010.

OLIVEIRA, José Marcos Domingues de. Contribuição ao Sebrae: questões polêmicas e recentes desdobramentos jurisprudenciais. In: GRECO, Marco Aurélio (Coord.). *Contribuições de intervenção no domínio econômico e figuras afins*. São Paulo: Dialética, 2001.

PAULSEN, Leandro; VELLOSO, Andrei Pitten. *Contribuições*: teoria geral. Contribuições em espécie. Porto Alegre: Livraria do Advogado, 2010.

PEIXOTO, Daniel Monteiro. Desvio de finalidade das contribuições de intervenção no domínio econômico. *Revista de Direito Tributário*, São Paulo, n. 102, jul. 2008.

PEIXOTO, Marcelo Magalhães; FISCHER, Octavio Campos (Coord.). *PIS-Cofins*: questões atuais e polêmicas. São Paulo: Quartier Latin, 2004.

_____; MOREIRA JR., Gilberto de Castro (Coord.). *PIS e Cofins à luz da jurisprudência do Conselho Administrativo de Recursos Fiscais*. São Paulo: MP, 2011.

_____ (Coord.) et al. *PIS e Cofins na teoria e na prática*: uma abordagem completa dos regimes cumulativo e não cumulativo. 3. ed. rev. e ampl. São Paulo: MP, 2012.

PIMENTA, Paulo Roberto Lyrio. *Contribuições de intervenção no domínio econômico*. São Paulo: Dialética, 2002.

ROSA JÚNIOR, Luiz Emygdio F. da. *Manual de direito financeiro e tributário*. 16. ed. Rio de Janeiro: Renovar, 2001.

SOUZA, Hamilton Dias de; FERRAZ JÚNIOR, Tércio Sampaio. Contribuições de intervenção no domínio econômico e a Federação. In:

MARTINS, Ives Gandra da Silva (Coord.). *Contribuições de intervenção no domínio econômico.* São Paulo: Centro de Extensão Universitária, 2002. Edição 8 de Pesquisas Tributárias.

TORRES, Ricardo Lobo. *Curso de direito financeiro e tributário.* 11. ed. Rio de Janeiro: Forense, 2004.

Organizadores

Na contínua busca pelo aperfeiçoamento de nossos programas, o Programa de Educação Continuada da FGV DIREITO RIO adotou o modelo de sucesso atualmente utilizado nos demais cursos de pós-graduação da Fundação Getulio Vargas, no qual o material didático é entregue ao aluno em formato de pequenos manuais. O referido modelo oferece ao aluno um material didático padronizado, de fácil manuseio e graficamente apropriado, contendo a compilação dos temas que serão abordados em sala de aula durante a realização da disciplina.

A organização dos materiais didáticos da FGV DIREITO RIO tem por finalidade oferecer o conteúdo de preparação prévia de nossos alunos para um melhor aproveitamento das aulas, tornando-as mais práticas e participativas.

Joaquim Falcão – diretor da FGV DIREITO RIO

Doutor em educação pela Université de Génève. *Master of Laws* (LL.M) pela Harvard University. Bacharel em direito pela Pontifícia Universidade Católica do Rio de Janeiro (PUC-Rio).

Diretor da Escola de Direito do Rio de Janeiro da Fundação Getulio Vargas (FGV DIREITO RIO).

Sérgio Guerra – vice-diretor de ensino, pesquisa e pós-graduação da FGV DIREITO RIO

Pós-doutor em administração pública pela Ebape/FGV. Doutor e mestre em direito. *Visiting researcher* na Yale Law School (2014). Coordenador do curso International Business Law – University of California (Irvine). Editor da *Revista de Direito Administrativo* (RDA). Consultor jurídico da OAB/RJ (Comissão de Direito Administrativo). Professor titular de direito administrativo, coordenador do mestrado em direito da regulação e vice-diretor de ensino, pesquisa e pós-graduação da FGV DIREITO RIO.

Rafael Alves de Almeida – coordenador da pós-graduação *lato sensu* da FGV DIREITO RIO

Doutor em políticas públicas, estratégias e desenvolvimento pelo Instituto de Economia da Universidade Federal do Rio de Janeiro (UFRJ). *Master of Laws* (LL.M) em *international business law* pela London School of Economics and Political Science (LSE). Mestre em regulação e concorrência pela Universidade Candido Mendes (Ucam). Formado pela Escola de Magistratura do Estado do Rio de Janeiro (Emerj). Bacharel em direito pela UFRJ e em economia pela Ucam.

Colaboradores

Os cursos de pós-graduação da FGV DIREITO RIO foram realizados graças a um conjunto de pessoas que se empenhou para que ele fosse um sucesso. Nesse conjunto bastante heterogêneo, não poderíamos deixar de mencionar a contribuição especial de nossos professores e assistentes de pesquisa em compartilhar seu conhecimento sobre questões relevantes ao direito. A FGV DIREITO RIO conta com um corpo de professores altamente qualificado que acompanha os trabalhos produzidos pelos assistentes de pesquisa envolvidos em meios acadêmicos diversos, parceria que resulta em uma base didática coerente com os programas apresentados.

Nosso especial agradecimento aos colaboradores da FGV DIREITO RIO que participaram deste projeto:[172]

---

[172] As opiniões expressas ou veiculadas neste livro são de caráter acadêmico-científico, não refletindo o posicionamento de órgãos públicos, exceto se baseadas em atos normativos expedidos oficialmente.

Anna Carolina Brochini Nascimento Gomes

Advogada. Graduada em direito pela Universidade Federal do Rio de Janeiro (UFRJ). Especialista em direito tributário pelo Instituto Brasileiro de Estudos Tributários (Ibet) e especialista em direito de empresas na Pontifícia Universidade Católica do Rio de Janeiro (PUC-Rio).

Antonio Guimarães Sepúlveda

Mestre em direito pela Faculdade Nacional de Direito (FND) da Universidade Federal do Rio de Janeiro (UFRJ). Possui especialização *lato sensu* em direito público pela Universidade Gama Filho (UGF/RJ). É professor da Fundação Getulio Vargas (FGV-Rio) (mestrado profissional) e da Universidade Federal Fluminense (UFF) (especialização), instrutor da Escola de Administração Fazendária (Esaf) e auditor fiscal da Secretaria da Receita Federal do Brasil. Possui graduação em direito e em engenharia naval pela UFRJ. É membro fundador do Laboratório de Estudos Teóricos e Analíticos do Comportamento das Instituições (Letaci) do Programa de Pós-Graduação em Direito da UFRJ. É autor de obras especializadas em direito tributário e direito constitucional.

Daniel Strauch Ribeiro

Formado em direito pela Universidade Federal Fluminense (UFF). Pós-graduado em *publishing management* pela Fundação Getulio Vargas. Graduando em biblioteconomia e gestão de unidades de informação pela Universidade Federal do Rio de Janeiro (UFRJ).

Eliana Pulcinelli

Mestre em direito público e doutoranda em direito pela Universidade Estácio de Sá (Unesa). Pós-graduada em direito administrativo. Professora de direito tributário (FGV Law Program).

Fábio Zambitte

Doutor em direito público pela Universidade do Estado do Rio de Janeiro (Uerj), mestre em direito pela Pontifícia Universidade Católica (PUC) de São Paulo. Advogado, professor visitante da Universidade do Estado do Rio de Janeiro (graduação, mestrado e doutorado), professor e coordenador de direito previdenciário da Escola de Magistratura do Estado do Rio de Janeiro, professor e coordenador de contribuições especiais da especialização em direito tributário da FGV DIREITO RIO, ex-auditor fiscal da Secretaria de Receita Federal do Brasil e ex-presidente da décima Junta de Recursos do Ministério da Previdência Social.

Gabriel Fiuza Couto

Formado pela Faculdade Nacional de Direito da Universidade Federal do Rio de Janeiro (UFRJ). Graduando em ciências contábeis pela Universidade do Sul da Santa Catarina (Unisul). Pós-graduando (LL.M) em direito tributário pela Fundação Getulio Vargas (Rio de Janeiro). Foi consultor tributário da PwC – PricewaterhouseCoopers e advogado associado de Mussi, Sandri, Faroni e Ogawa Advogados. Atualmente é associado de Chediak Advogados, atuando na área de consultoria tributária e como pesquisador e assistente de ensino nas disciplinas de contabilidade e direito tributário das pós-graduações da FGV DIREITO RIO.

German Alejandro San Martín Fernández

Mestre e doutorando em direito do estado (direito tributário) pela Pontifícia Universidade Católica (PUC) de São Paulo. Ex-Juiz do Tribunal de Impostos e Taxas do Estado de São Paulo. Conselheiro do Conselho Administrativo de Recursos Fiscais (Carf). Professor da Fundação Armando Alvares Penteado (Faap) e professor palestrante nos cursos de pós-graduação em direito tributário da Escola Paulista de Direito (EPD), FGV Law (São Paulo e Rio de Janeiro), Rede LFG, Fucape Business School, Faculdade de Direito de São Bernardo do Campo e Faculdade de Direito da USP (*campus* Ribeirão Preto). Coordenador da área do Contencioso Administrativo Tributário Federal da Comissão do Contencioso Administrativo Tributário da Ordem dos Advogados do Brasil (OAB), seção SP. Membro do Conselho Científico e Editorial da Associação Paulista de Estudos Tributários (Apet). Advogado em São Paulo.

Gustavo da Gama Vital de Oliveira

Professor adjunto de direito financeiro da Universidade do Estado do Rio de Janeiro (Uerj). Doutor e mestre em direito público pela mesma universidade. Procurador do município do Rio de Janeiro. Advogado. Diretor da Sociedade Brasileira de Direito Tributário (SBDT).

João Aguiar

Formado pela Faculdade de Direito da Universidade Estácio de Sá (Unesa) e atualmente cursando a Faculdade de Ciências Contábeis da Universidade do Sul de Santa Catarina (Unisul). Pesquisador dos cursos de LL.M em direito tributário da Fundação Getulio Vargas. Trabalha como consultor tributário na área de impostos diretos da PricewaterhouseCoopers, na qual atua em projetos de consultoria tributária e apoio à auditoria de empresas, predominantemente dos setores de óleo e gás, energia e mineração.

Márcia Luiza Mignone

Advogada. Graduada em direito pela Universidade Candido Mendes (Ucam). Especialista em direito tributário pelo Instituto Brasileiro de Estudos Tributários (Ibet).

Marcus Lívio Gomes

Juiz federal. Pós-doutorando no Institute for Austrian and International Tax Law at WU Wien. Doutor e mestre em direito tributário pela Universidad Complutense de Madrid. Professor adjunto de direito tributário da Universidade do Estado do Rio de Janeiro (Uerj). Professor de direito tributário da pós-graduação *lato sensu* em direito tributário FGV DIREITO RIO. Membro do Comitê Executivo e associado do Instituto Latinoamericano de Derecho Tributário (ILADT). Membro do Comitê Científico do curso de Fiscalidad Internacional Latinoamericana na Universidad Complutense de Madrid. Coordenador e palestrante da Comissão de Direito Tributário da Escola da Magistratura Regional Federal da Segunda Região. Associado da International Fiscal Association (IFA). Ex-auditor fiscal da Receita Federal do Brasil. Ex-fiscal de tributos do estado de Minas Gerais. Ex-coordenador e palestrante da Comissão de Direito Tributário da Escola da Magistratura do Estado do Rio de Janeiro. Ex-coordenador da *Revista de Direito Tributário* da Associação Brasileira de Direito Financeiro (ABDF).

Omar de Azevedo Teixeira

Formado pela Universidade Federal do Rio de Janeiro (UFRJ). Especialista em direito tributário pelo Instituto Brasileiro de Estudos Tributários (Ibet). MBA em gestão empresarial em tributação e contabilidade pela Universidade Federal Fluminense (UFF). Cursando ciências contábeis na Pontifícia Universidade Católica (PUC) de Minas Gerais.

Pedro Anan Jr.

Master of business administration – controller (MBA – Controller) pela Faculdade de Economia, Administração e Contabilidade da Universidade de São Paulo (FEA/USP). Especialista em direito empresarial pela Pontifícia Universidade Católica (PUC) de São Paulo. Membro da Segunda Turma, Segunda Câmara, Segunda Seção do Conselho Administrativo de Recursos Fiscais (Carf). Foi juiz substituto do Tribunal de Impostos e Taxas de São Paulo e conselheiro do Conselho Municipal de Tributos do Município de São Paulo. Advogado em São Paulo. Professor de direito tributário na Fundação Getulio Vargas (FGV), Fundação Armando Alvares Penteado (Faap), Escola Paulista de Direito (EPD), Associação Paulista de Estudos Tributários (Apet), Rede LFG, Fucape Business School e Fundação para Pesquisa e Desenvolvimento da Administração, Contabilidade e Economia (Fundace).

Rafael Dinoá Mann Medeiros

Formado pela Faculdade Nacional de Direito da Universidade Federal do Rio de Janeiro (UFRJ) e pela Faculdade de Contabilidade da Universidade do Sul de Santa Catarina (Unisul). Possui MBA em auditoria integral (IFRS) pela Universidade Federal do Paraná (UFPR). Mestre em direito tributário internacional pela Universidade de Leiden (Países Baixos) e mestrando em contabilidade tributária pela Fucape Business School. É professor dos cursos de LL.M da Fundação Getulio Vargas (FGV) do Rio de Janeiro, além de ministrar aulas de contabilidade e direito tributário em pós-graduações e cursos da FGV Corporativo. Professor do LL.M de direito tributário e contabilidade tributária do Instituto Brasileiro de Mercado de Capitais (IBMEC/RJ). Trabalhou como gerente de tributos de PricewaterhouseCoopers, foi consultor tributário de Chediak Advogados e atua na equipe tributária de Veirano Advogados.

Thadeu Soares Gorgita Barbosa

Advogado tributarista. Pós-graduado em direito tributário e financeiro pela Universidade Federal Fluminense (UFF). Pós-graduado em direito público e tributário pela Universidade Candido Mendes (Ucam). Assistente de pesquisa do LL.M em direito tributário da FGV DIREITO RIO.

Vânia Maria Castro de Azevedo

Graduada em comunicação social, com habilitação em jornalismo pelas Faculdades Integradas Hélio Alonso (Facha). Especializada em *publishing management*: o negócio do livro, pela Fundação Getulio Vargas (Rio de Janeiro). Atua no mercado editorial como copidesque e revisora de livros técnicos e científicos e, atualmente, como revisora do material didático dos cursos de extensão e especialização da FGV DIREITO RIO.

Este livro foi impresso nas oficinas gráficas da Editora Vozes Ltda.,
Rua Frei Luís, 100 – Petrópolis, RJ.